Steffi Hofer

Das handelnde Sprechen

Steffi Hofer

Das handelnde Sprechen

Ein Übungsbuch für Berufssprecher

projektverlag.

Bibliografische Information der Deutschen Nationalbibliothek

Die Deutsche Nationalbibliothek verzeichnet diese Publikation in der Deutschen Nationalbibliografie; detaillierte bibliografische Daten sind im Internet über http://dnb.d-nb.de abrufbar.

ISBN 978-3-89733-530-1

www.projektverlag.de

Umschlaggestaltung unter Verwendung eines Fotos von Ruth Walz.

Titelbild: Szene aus „Die schönen Tage von Aranjuez“ (Peter Handke), Burgtheater, Wien 2012 (in Koproduktion mit den Wiener Festwochen) mit Dörte Lyssewski (Die Frau), Jens Harzer (Der Mann), Regie: Luc Bondy

Zeichnungen: Katharina Köller

Inhaltsverzeichnis

Vorwort

Vor Ihnen liegt ein Handbuch, ein Übungsbuch, ein Wissensspeicher, ein Nachschlagewerk. Das besondere an diesem Buch ist, dass es Sprachphilosophie, Anatomie und Physiologie der Sprechwerkzeuge und Ausspracheregeln miteinander vereint. Hierdurch wird es zu einem kompakten Wissensvermittler und praktischen Übungsbuch in einem.
Das Buch richtet sich an Schauspielstudierende und Schauspieler, an Mediensprecher, aber auch an alle anderen, die beruflich mit dem Einsatz ihrer sprecherischen Mittel gefordert sind. Da die Autorin selbst an einer Schauspielschule unterrichtet, ist diese Klientel der erste Ansprechpartner.

Das handelnde Sprechen, das sprechende Handeln, Sprechen ist Handeln!

Zum Beweis dieser These stellt die Autorin extrahiert die Kerngedanken von Sprachwissenschaftlern, Sprechwissenschaftlern, Philosophen und Theaterschaffenden zusammen. Gerade für Schauspieler ist es von Bedeutung, sich darüber bewusst zu sein, dass Sprechen Handeln ist. Sie sprechen auf der Bühne nicht zum Selbstzweck, sondern wollen damit immer etwas bewirken, sprechen also zielorientiert. Dies ist ein, wenn nicht *das* wesentliche Merkmal der Kommunikation überhaupt. Es geht dabei nicht um eine rein intellektuelle Leistung, vielmehr wird beschrieben, warum der Sprechvorgang ein gesamtkörperlicher Prozess ist und wie das funktioniert. Der Leser bekommt einen fundierten anatomischen und physiologischen Überblick über alle am Sprechen beteiligten Organe. Die thematisch beigefügten Übungen stehen in einem begreifbaren Zusammenhang.
Wie das geformte Wort letztendlich aussieht und gesprochen wird, welchen phonetischen Regeln es unterliegt, erfährt der Leser in den Kapiteln der Ausspracheregeln. Diese basieren auf dem jüngsten Forschungsstand. Um diese Regeln praktisch zu festigen, gibt es ausreichend frische und unterhaltsame Beispiele, die zum Ausprobieren und täglichen Trainieren geradezu einladen.
Der mit diesem Buch Arbeitende sollte sich der Verfasserin dringendstes Anliegen zu Herzen nehmen, lustvoll zu arbeiten und das Artikulationstraining nicht auf korrektive Phonetik zu beschränken.

Univ.- Prof. Annett Matzke

1 Körper und Geist

1.1 Eine Brücke bauen

Was genau ist es, was dem Menschen die Zunge löst, ihn dazu bringt, sich auszudrücken? Die Fähigkeit, sprechen zu können zeichnet ihn als Menschen aus, er spricht in seiner, allein dem Menschen eigenen Sprache. Der Mensch spricht über sein Dasein, die Dinge der Welt, die Dinge, die er erfassen und die er denken kann. Er spricht in seinem privaten und beruflichen Alltag, er spricht als Schauspieler[1] auf der Bühne oder im Film.
Woher aber kommt „unser" Sprechen? Löst das Sprechen nun die Zunge, oder löst die Zunge das Sprechen aus?

Wir können von einer Art Brücke sprechen, auf welcher wir den Weg vom Sprechen zur Sprache gehen, oder von der Sprache zum Sprechen.

In vielen Sprachsystemen sind die Worte **Sprache** und **Zunge** mit demselben Zeichen besetzt:

Zunge =	**lingua** (lat.)	=	Sprache
Zunge =	**la lengua** (span.)	=	Sprache
Zunge =	**la langue** (frz.)	=	Sprache
Zunge =	**lingua** (ital.)	=	Sprache
Zunge =	**γλωττα** (griechisch)	=	Sprache
Zunge =	**язык** (russisch)	=	Sprache

Dass ein Wort zwei unterschiedliche semantische Seiten hat, ist nicht ungewöhnlich. Im Fall von Sprache und Zunge sind beide Seiten jedoch untrennbar verknüpft, denn es sind die Mundwerkzeuge, welche die Sprache erst verlautbar machen. Die Evolution zeigt, dass Sprache erst durch das Sprechen entstand. Die Wörter entwickelten sich aus einer unbewussten Verabredung zwischen den Benutzern, sie konnten nach und nach wiederholt und aufgeschrieben werden.

Die Verbindung von Sprache und Sprechen scheint also selbstverständlich. Doch ist das Sprechen wirklich in unserem festen Besitz? Vertrauen wir nicht zu schnell der Befähigung dazu?

---

1 Die in diesem Buch verwendeten männlichen Berufsbezeichnungen schließen die weiblichen mit ein. Aus Gründen der besseren Lesbarkeit werden die weiblichen Formen nicht gesondert aufgeführt.

Was bedeutet die Verbindung von Sprache und Sprechen für eine Phonetikerin und Sprechwissenschaftlerin in ihrem Training?

Meine Intention ist es, die Lust am Sprechen zu wecken, die Lust, mit Sprache umgehen zu wollen, Direktheit mit dem gesprochenen Wort zu erreichen, immer wieder neu zu entdecken und zu fragen: „Was kann Sprache alles zeigen?"

Auf diese Frage versuche ich – neben meinem Grundlagen- und Körperstimmtraining, der Phonetik und Textarbeit – in den folgenden Kapiteln eine Antwort zu geben.

Die Verarbeitung und Herstellung von Sprache und Sprechen ist hochkomplex, gleichzeitig aber auch sehr logisch.

Wie kann nun die Sprache des Einzelnen in den zielgerichteten Ausdruck verwandelt werden?

Im Training suche ich die natürliche Stimme des Einzelnen. Grundlage dafür ist Leichtigkeit, Gleichgewicht, ein durchlässiger Körper sowie ein wacher konzentrierter Geist. Zum Training gehören außerdem die Erweiterung der Atemkapazität und somit die Flexibilität der Artikulation, um als Ganzes im Sprechen der Sprache und dem Gesprächspartner zur Verfügung zu stehen.

Die folgenden Ausführungen beinhalten Erfahrungen, Sichtweisen und Übungen, die ich sowohl mit meinen Lehrern als auch in der Arbeit mit meinen Studenten sammeln konnte. Sie sind einmal als Unterstützung für mein Training gedacht und fassen notwendige Voraussetzungen des Sprechhandelns zusammen. Sie beinhalten physiologische Grundlagen sowie Übungen und stellen in vereinfachter Form die Ausspracheregeln der deutschen Standardsprache dar.

Bevor ich der Frage nachgehe, warum der Mensch spricht, sei noch einmal auf das Ziel des Buches verwiesen.
Um in den direkten Ausdruck zu gelangen, ist eine doppelte, untrennbare Bewegung notwendig. Zum einen muss der Akteur vor der Sprache ›zurücktreten‹. Zum anderen schenkt der Akteur der Sprache den vollen Einsatz seiner gesamten Physis.[2]

[2] Vgl. Granzer, Susanne Valerie: Schauspieler außer sich. Exponiertheit und perfomative Kunst, Eine feminine Recherche. Bielefeld 2011, S. 109.

1.2 Die Sprache spricht[3]

Warum spricht der Mensch und warum beschäftigt er sich seit der frühen Antike mit dem Sprechen?

Schon Aristoteles, Sokrates und Cicero beschäftigten sich in ihren zahlreichen Schriften zur Rhetorik mit diesen Fragestellungen. Ein häufig zitierter Satz von Sokrates ist: „Sprich, damit ich dich sehe".

Bereits in der Antike erkannten die Menschen, dass die Fähigkeit *sprechen zu können* nicht sich selbst genügt, dass sie – verstanden als Werkzeug und Instrument – einer stetigen Verbesserung bedarf. Sie entwickelten daher immer wieder neue Theorien und Methoden, um mit einem gezielten Sprechen ihrem Anspruch *entsprechen* zu können.

Antworten

Etymologisch bedeutet das Wort ›entsprechen‹ im 15. Jahrhundert ›antworten‹.[4]

Antworten wir also mit der Sprache nur auf Sprache, auf die Sprache, die zwischen den Zeilen steht, die Sprache des Partners? Ja.

Was eigentlich ist das Sprechen? Sprechen ist Teil unseres menschlichen Verhaltens.

„Es ist etwas", was wir uns völlig unbewusst angeeignet haben, angeeignet, um unseren Willen kundzutun.
Wir wollen etwas, und zwar jetzt. Wir reagieren mit der Frage: Wer schenkt mir jetzt die Aufmerksamkeit, damit ich an mein Ziel komme?
Noch bevor uns der erste Laut gegeben ist, drücken wir unseren Willen mittels unserer Stimme, beispielsweise mit Brummen oder Schreien aus.

Die „sprecherische" Entwicklung des Menschen zeigt jedoch, dass das zielgerichtete Sprechen und somit das Handeln, was einem Kleinkind zu eigen war, mit all den Absichten und Impulsen, verkümmert ist. Nerven und Muskeln sind nicht mehr in der Lage, dem eigentlichen Impuls zu folgen.

Die Ursachen dafür sind unterschiedlicher Natur. Ein Fakt, welcher hier mit hineinspielt, ist, dass das Sprechen das lautliche Ausdrücken unserer Absichten ist. Im Klang der Stimme finden wir die Empfindungen der menschlichen Seele wieder. Doch inwieweit erlaube ich mir, konkret und direkt mit meinen Empfindungen aufzutreten, welche halte ich zurück.

---

[3] Heidegger, Martin: Unterwegs zur Sprache. Stuttgart 2012, S. 16.

[4] Aus Kluge: Etymologisches Wörterbuch der deutschen Sprache, Walter de Gruyter GmbH & Co. KG, Berlin/Boston 2011.

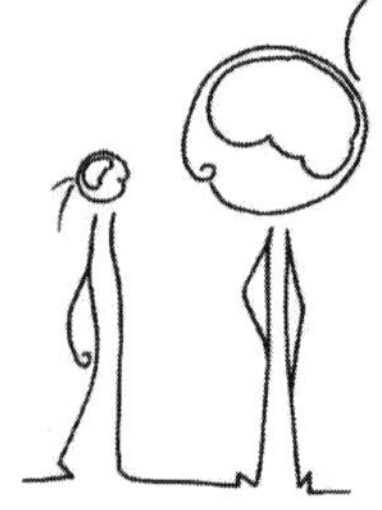

Für Bühnensprecher stellt das Sprechen die zusätzliche Fähigkeit dar, einen fremden Text zum eigenen Text werden zu lassen, zielgerichtet aufzutreten, etwas ›abzugeben‹, den Partner berühren zu wollen, verständlich in Körper, Stimme und Sprechen zu sein, inhaltlich und formal. Agieren Körper und Sprache zusammen, kann die Vermittlung des Willens stattfinden.

Was oft so selbstverständlich ist, wie Sprechen, Hören, Antworten, Schweigen, wird auf der Bühne plötzlich zu einem riesigen Spagat zwischen Sprecher und Text. Es wird dem Partner nicht zugehört, es gibt keine Entscheidungen für das zu Sagende.[5]

In diesem Buch geht es also weniger um die sprecherische Wirkung, sondern um ein verständliches zielgerichtetes Sprechhandeln, was dem natürlichen Auftreten des Menschen entspricht. Phonetische Grundlagen sind dafür die Ausspracheregeln der deutschen Standardsprache, früher als Hochlautung bezeichnet.

Wo liegt aber nun die Schwierigkeit im Bühnensprechen?

Ist Sprechen im Alltag selbstverständlich, kommt man auf der Bühne schnell an die eigenen Grenzen, soll man doch den eigenen Willen anhand fremder Texte überzeugend ausdrücken. Oft wird bei der Darstellung die innere Entscheidung der Bühnenfigur für das zu Sagende vernachlässigt.

> „Die Wörter hören sich aufgesagt an, gestelzt, gemalt, ihre Bedeutung illustriert, sie laufen leer und davon, ihr Sinn bleibt schwarz-weiß Gedrucktes.“[6]

Es bleibt unverzichtbar, dass der Studierende, zuerst seinen Text erforscht.
Der Begriff ›Text‹ ist übrigens dem lateinischen Wort textus entlehnt, und steht für Gewebe. Ein Text ist also nichts anderes als ein Gewebe verschiedener Gedanken, die als Fäden zusammengefügt sind.

---

[5] Vgl. Granzer, Valerie, Susanne: a. a. O., S. 108.
[6] Vgl. Granzer, Susanne Valerie: a. a. O.; S. 108.

Erfassen die Studierenden die Struktur und den Verlauf der Fäden, kommen sie hinter die Gründe des zu Sagenden. Bevor sie, die Akteure in den Ausdruck kommen, suchen sie den Grund dazu, müssen sie den Eindruck finden.

Eindruck vor Ausdruck

Sprechen setzt für das, was wir äußern möchten, eine innere Vorstellung voraus, denn es ist die Vorstellung, die sich äußert.

Vorstellung

Im Training wird dies auch Subtext oder Absicht genannt. So ist das praktisch gewordene Ausdrücken gleichzeitig ein Vorstellen und Darstellen des Wirklichen und Unwirklichen. Das Vorstellen ist bereits ein „Aufhalten" in dem Zeichensystem Sprache.[7]

Für Heidegger ist die Sprache „das Haus des Seins".[8] Wir sprechen stets, „im Wachen und im Traum, ... auch dann, wenn wir kein Wort verlauten lassen, sondern nur zuhören oder lesen."[9] Wir machen mit der Sprache unsere Erfahrungen, wir halten uns in dem Zeichensystem Sprache auf, wir handeln mit der Sprache.[10]

Stefan George, Das Wort

Wunder von ferne oder traum
Bracht ich an meines landes saum

Und harrte bis die graue norn
Den namen fand in ihrem born –

Drauf konnt ichs greifen dicht und stark
Nun blüht und glänzt es durch die mark ...

Einst langt ich an nach guter fahrt
Mit einem kleinod reich und zart

Sie suchte lang und gab mir kund:
›So schläft hier nichts auf tiefem grund‹

Worauf es meiner hand entrann
Und nie mein land den schatz gewann ...

So lernt ich traurig den verzicht:
Kein ding sei wo das wort gebricht.[11]

---

7 Vgl. Heidegger, Martin: a. a. O., S. 14.
8 Heidegger, Martin: a. a. O., S. 166.
9 A. a. O., S. 11.
10 A. a. O., S. 11.
11 A. a. O., S. 220.

Die Schlusszeilen in Georges Gedicht finden eine Antwort darauf, dass das ›Ding‹, für was es auch steht, seine Daseinsberechtigung, oder Möglichkeit des sich Vorstellens erst hat, wenn es in einem Wort wiederzufinden ist.
Gebricht das Wort, gibt es kein Wort, gibt es das Ding nicht. Das Wort *born ist* mit *Quelle* oder *Brunnen* zu übersetzen.

Der Impuls

Impuls

Sprechen ist das Ergebnis des Vorstellens und Denkens und somit auch Ergebnis der eigenen Absicht. Es folgt immer einem Impuls, anders formuliert, es folgt einem handlungsauslösenden Moment.

Jede Äußerung hat einen Grund.
Es gibt kein Sprechen ohne Handeln.
Das Sprechen ist Teil einer Handlung.

Franz Brentano

Der deutsche Philosoph und Psychologe Franz Brentano (1838-1917) geht davon aus, dass es unmöglich ist, etwas ohne einen Bezugspunkt bewusst zu erleben. In seiner Theorie der Intentionalität ist das bewusste Erleben immer durch ›eine Beziehung auf einen Inhalt‹ oder eine ›Richtung auf ein Objekt‹ charakterisiert.[12]

Das heißt, wer sich entscheidet, zum Beispiel für das zu Sagende, muss vorher in Beziehung zu etwas treten. Natürlich kann der Mensch auch unbewusst erleben, aber er tritt in Beziehung zu etwas, denn auch unser Unterbewusstsein ist nichts anderes, als das Ergebnis von Erlebtem.

Dem Sprechen geht also ein Grund voraus.

Aber nicht nur das Sprechen verläuft zielgerichtet, sondern bereits das Erleben davor.

Die Antwort auf die Frage: *Löst das Sprechen nun die Zunge, oder löst die Zunge das Sprechen aus?* lautet:

Der *Impuls* löst den einfallenden Atem, dann die Zunge und somit das Sprechen aus.

---

[12] Vgl. Spät, Patrick: Der Mensch lebt nicht vom Hirn allein, Wie der Geist in den Körper kommt – Parodos Verlag, Berlin 2012; S. 19.

1.3 Sprechhandeln

Das Reagieren mit Sprache ist ein Phänomen, dessen wir Menschen physisch und psychisch fähig sind. Dabei spielen die Faktoren Partner, Situation und Umgebung eine entscheidende Rolle.

Inwieweit sind diese Fakten für Studierende in der darstellenden Kunst von Bedeutung?

Warum der Mensch spricht und welchen Weg dabei das Gesprochene in unserem Leib (Körper und Geist) geht, diese Frage zählt zum Teil auch zum Handwerkszeug auf der Bühne.
Wie gelingt es, einen fremden Text zum „eigenen" werden zu lassen?

Hierzu ein kurzer theoretischer Exkurs:

Medium Sprache

Das *Sprech-Handeln* beschäftigt Sprachpsychologen, Philosophen und Literaten seit über 200 Jahren. Für sie stellt die Sprache eine Art Medium zwischen den Dingen der Welt, dem Sprecher und dem Empfänger dar. Sie gehen davon aus, dass der Mensch während des Sprechens über etwas verhandelt, und dabei das Medium Sprache benutzt.

Weiter vertreten sie die Ansicht, dass es kein Sprechen ohne Handeln gibt, kein Sprechen ohne situativen Kontext und Ziel. Das Sprechen, als Teil einer Handlung, kommt erst durch das *gemeinsame* Handeln zu seiner Bedeutung mittels der Zeichen.

Hannah Arendt

Die Bedingung für das Handeln und das Sprechen ist aus der Sicht der Philosophin Hannah Arendt die menschliche Pluralität. Erst die Verschiedenheit des Menschen macht es notwendig, sich mittels des Handelns und des Sprechens einander zu verständigen.[13]

Karl Bühler

Bereits Anfang des 20. Jahrhunderts weist der Sprachpsychologe Karl Bühler auf den „Werkzeugcharakter" der Sprache hin.

In seinem Organon-Modell (siehe S. 16) ist die Sprache das Werkzeug in der sprecherischen Aktion. Bühler geht bei einem Sprechereignis von 3 Komponenten aus.

---

[13] Vgl. Arendt, Hannah: Vita activa oder Vom tätigen Leben, Piper Verlag München/Zürich, 9. Auflage 2010, S. 213.

Der Sprecher (Sender) drückt etwas für den Hörer (Empfänger) aus und stellt dabei die Dinge der Welt mittels der sprachlichen Zeichen dar. Die Sprache steht hier für Organum. Der Sprecher handelt also für den Hörer mit der Sprache. Bühler spricht von 3 Hauptfunktionen der Sprache: *Ausdruck* (Kundgabe); *Appell* und *Darstellung*.[14]

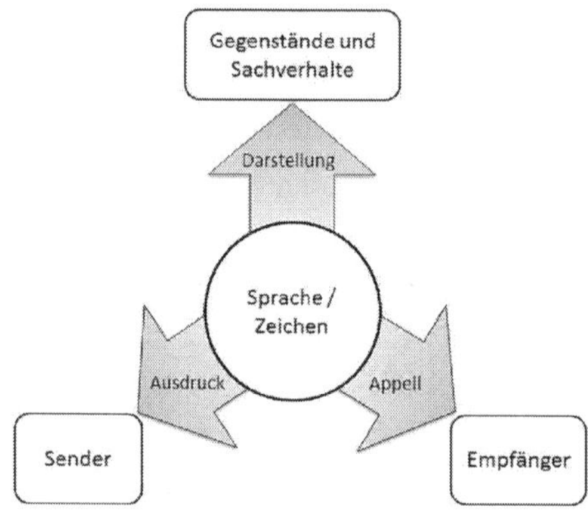

[15]

Daraus ergibt sich der Kausalzusammenhang zwischen dem Ereignis und dem Sprechen.

Bertolt Brecht

Ein weiterer Vertreter der These, dass es kein Sprechen ohne Handeln gibt, ist der Autor und Regisseur Bertolt Brecht. Auch wenn er sich nicht, wie Bühler, mit dem Alltagssprechen, sondern mit dem Bühnensprechen beschäftigt hat, ging er ebenfalls davon aus, dass jedem Sprechen eine Situation und ein Handeln innewohnt.

gestisches Sprechen

Dies zeigt sich darin, dass eine Körperaktion aus einer Situation heraus einen Antrieb ergibt, der zeitgleich der Antrieb für das Sprechen ist.[16] Der Gestus bei Brecht ist nicht die unterstreichende erläuternde Handbewegung, sondern die Gesamthaltung. Eine situative Geste zeigt die Haltung oder das Verhalten der Figur, um nachher in der Szene das Verhalten der Figur im Ausdruck wiedererkennen zu lassen.

---

[14] Vgl. Conrad, Rudi: Kleines Wörterbuch sprachwissenschaftlicher Termini, Leipzig – VEB Bibliographisches Institut, 1981.

[15] Angepasste Nachbildung nach Karl Bühler; www.researchgate.at.

[16] Vgl. Klawitter, Klaus; Minnich, Herrbert: Sprechen in Ebert, Gerhard, Penka, Rudolf: Schauspielen, Handbuch der Schauspielausbildung.

„Gestisch ist eine Sprache, wenn sie auf dem Gestus beruht, bestimmte Haltungen des Sprechenden anzeigt, die dieser andern Menschen gegenüber einnimmt.“[17]

Der Begriff *gestisches Sprechen* stammt aus Brechts Schauspielpraxis. Wir nennen das gestische Sprechen auch ausdruckgewordenes Verhalten.

Eine ähnlich gebräuchliche Formulierung ist:

Wir verhandeln etwas im Ausdruck.

Brecht – Gedichte aus dem Messingkauf

Das Zeigen Muss Gezeigt werden

Zeigt, daß Ihr zeigt! Über all den verschiedenen Haltungen
Die ihr da zeigt, wenn ihr zeigt, wie die Menschen sich aufführen
Sollt ihr doch nicht die Haltung des Zeigens vergessen.
Allen Haltungen soll die Haltung des Zeigens zu Grund liegen.
Dies ist die Übung: vor ihr zeigt, wie
Einer Verrat begeht, oder ihn Eifersucht faßt
Oder er einen Handel abschließt, blickt ihr
Auf den Zuschauer, so als wolltet ihr sagen:
Jetzt gib acht, jetzt verrät dieser Mensch, und so macht er es.
So wird er, wenn ihn die Eifersucht faßt, so handelte er
Als er handelte. Dadurch
Wird euer Zeigen die Haltung des Zeigens behalten
Des nun Vorbringens des Zurechtgelegten, des Erledigens
Des immer Weitergehens. So zeigt ihr
Daß ihr es jeden Abend zeigt, was ihr da zeigt, es oft schon gezeigt habt
Und euer Spiel bekommt etwas vom Weben des Webers, etwas
Handwerkliches. Auch, was zum Zeigen gehört
Daß ihr nämlich immer bemüht seid, das Zusehen
Recht zu erleichtern, in alle Vorgänge die beste
Einsicht zu gewähren, macht das sichtbar! Dann wird
Dieses Verrat-Begehen und Handel-Abschließen und
Von Eifersucht-erfaßt-Werden etwas bekommen von einer
Täglichen Verrichtung, wie vom Essen, vom Grüßen und vom
Arbeiten. (Denn ihr arbeitet doch?) Und hinter euren Figuren
bleibt ihr selber sichtbar, als die, welche Sie vorführen.[18]

---

[17] Aus Brecht, Bertolt: Ausgewählte Werke in sechs Bänden; Suhrkamp Verlag, Frankfurt am Main 1997, in Schriften: S. 778.

[18] Aus Brecht, Bertolt: Die Gedichte von Bertolt Brecht in einem Band, Suhrkamp Verlag Frankfurt am Main 2002, S. 778.

Wenn Brecht hier von Haltungen spricht, geht er von gesellschaftlich sozialen Haltungen aus. Es geht also darum, die Haltungen zu den Dingen der Welt in den Sätzen durch die Sprache hindurch erkennen zu lassen.

Den Ursprung der Sprache sehen weitere in diesem Bereich arbeitende Wissenschaftler im Gestischen.

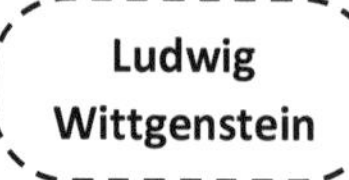

Für Ludwig Wittgenstein, dessen Gedanken zur Sprache das 20. Jahrhundert prägten, „erledigt" die Hand, mittels einer Geste, etwas in der Welt. So gehört die Hand zum Körper des Zeigenden. Der Körper tritt als Werkzeug in Beziehung zur Welt.

Die Gebärde muss praktisch ausgeführt werden, damit sie Bedeutung erhält. Der Gedanke, gesprochen oder geschrieben, muss ausgedrückt werden, damit wir seinen Inhalt erkennen können.

Das Zeigen kommt vor dem Sprechen.

Wissenschaftler gehen davon aus, dass die Sprache schon immer gestisch war und gestisch bleiben wird.[19]

John R. Searle & John L. Austin

Die Philosophen John R. Searle und John L. Austin beschäftigten sich mit dem Aspekt, dass das Sprechen die universellen Bedingungen von Sprache repräsentiert.

In den 1950er/60er Jahren beschäftigten sie sich mit der Sprechakttheorie, der Theorie des sprachlichen Handelns. Austin behauptet in seiner Theorie, dass das „Sprechen ein Tun ist".

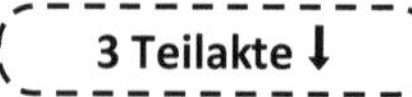

Er meint, „Wer spricht, tut mehreres gleichzeitig" und beschreibt dies mittels seiner 3 Teilakte.[20]

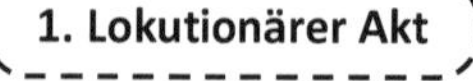

Mit dem 1. Akt ist der phonetische (artikulatorische) Aspekt gemeint, das Hervorbringen von Lauten und ihrer Koartikulation, dem Finden der einzelnen Lexeme (Wörter) und ihrer Verhältnisse untereinander, der Morphologie (Grammatik), um sie in Sätze fassen zu können. Gleichzeitig passiert der semantische (inhaltliche) Bezug auf die Gegenstände und Ereignisse der Welt.

---

[19] Vgl. Hübler, Axel: Das Konzept „Körper" in den Sprach- und Kommunikationswissenschaften, Tübingen – Basel: A. Francke Verlag 2001, S. 303.

[20] Vgl. Krämer, Sybille: Sprache, Sprechakt, Kommunikation. Sprachtheoretische Positionen des 20. Jahrhunderts; Suhrkamp Verlag Frankfurt am Main, 2001, S. 136.

Der 2. Akt meint das Sprechhandeln, den Vollzug zu jemandem zu sprechen in Form einer Frage, Bitte, Aufforderung oder Ähnlichem.

2. Illokutionärer Akt

Punkt 3 besagt, dass in allem Gesprochenen immer ein Ziel enthalten ist, beispielsweise das Erzielen einer Wirkung, dies kann ein Trösten, Umstimmen, Kränken oder Ähnliches sein.

3. Perlokutionärer Akt

Searle fügt den 3 Teilakten von Austin noch den präpositionalen Akt hinzu, welcher detaillierter die Zuordnung der Begriffe zu den Dingen der Welt beschreibt.

Das Sprechereignis passiert aus neurologischer Sicht von 3 nach 1. Die Teilakte unterliegen einer minimalen Zeitverschiebung.

In meiner Phonetikvorlesung formulierte Professor Eberhard Stock in Halle/ Saale dies so:

> „Noch bevor der erste Muskel zuckt, ist es um das Schicksal der einzelnen Phoneme schon geschehen."

Eberhard Stock geht also davon aus, dass noch vor der motorischen Umsetzung der zu artikulierenden Einheiten, die Laute in ihrer Präsenz, Qualität und Quantität bereits zentral organisiert wurden.
Das heißt, die Artikulation ist die letzte Stufe nach den zentralen Vorgängen, die eine sprecherische Handlung möglich machen.

Wie genau entsteht der Satz in unserem Kopf, wenn wir eine Idee entwickeln?

Auf diese Frage antwortert recht einfach das Leveltsche Sprachproduktionsmodell. Es zeigt deutlich die Reihenfolge der einzelnen Stufen der Sprach-Sprechproduktion.

Die Produktion des Sprechens erfolgt in mehreren Stadien:

- es kommt zu einer konzeptuellen Vorbereitung, in welcher ein semantisches Feld für die einzelnen Lexeme ausgewählt wird

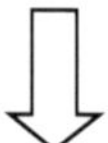

- nach der lexikalischen Auswahl erfolgt die morphologische und phonologische Auswahl (entsprechend dem Phonembestand), sowie die Entscheidung über die Intonation (Sprechmelodie)

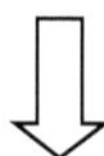

- erst jetzt kommt es zur phonetischen Entscheidung, der Auswahl motorischer Prozesse für die entsprechende Lautbildung

- es kommt zur Artikulation[21]

1. konzeptuelle Vorbereitung innerhalb eines Themas
↓
2. Konzept innerhalb dieses Wortschatzes
↓
3. Auswahl der Wörter
↓
4. Inhalt
↓
5. grammatikalische Auswahl Wortformung
↓
6. Auswahl der Laute
↓
7. Auswahl der artikulatorischen Bewegungen
↓
8. Artikulation Sprechmelodie

Anhand des Leveltschen Sprachproduktionsmodells wird deutlich, dass unsere Stimme und unser Sprechen keine willkürlichen, sondern unwillkürliche Prozesse sind. Beide Prozesse folgen den einzelnen Vorgängen unseres Gehirns. Das heißt: unser Leib wird mithilfe des zentralen Nervensystems von den jeweiligen Situationen und der Kommunikation gesteuert.

---

[21] Levelt. Das Leveltsche Sprachprodunktionsmodell.

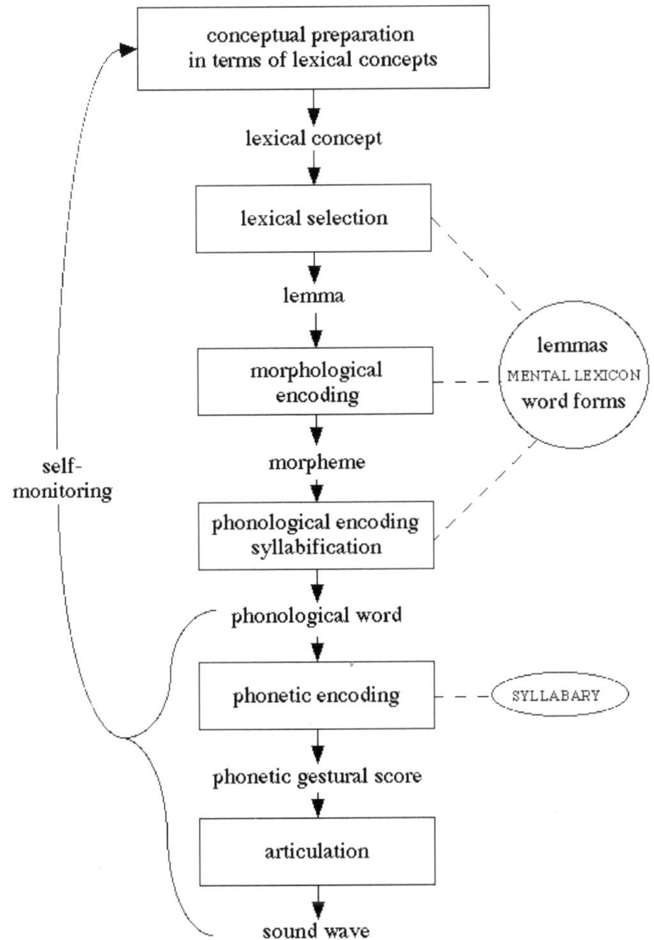

Abb.: Das Leveltsche Sprachproduktionsmodell. Aus: Levelt, W. J. M./Roelofs, A. & Meyer. A. S.: A theory of lexical access in speech production. In: Behavioral and Brain Sciencies, 22, 59-60. Cambridge 1999.
Zit. aus: http://www.ruediger-weingarten.de/Schriftsprache/Modelle/Levelt.html (letzter Aufruf: 29.04.2013).

Wie kann ich mir das vorstellen?

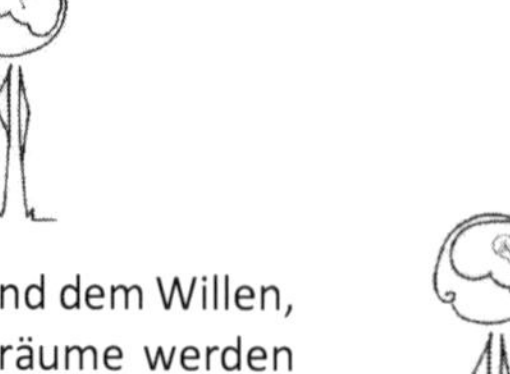

1. Es gibt einen Impuls
2. Vorstellung, der Kopf plant eine Handlung

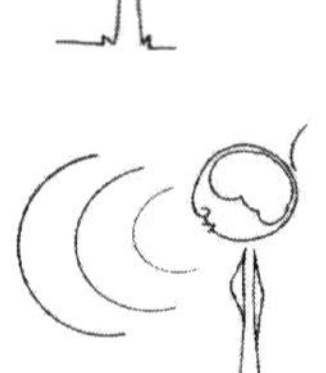

3. Die Muskelspannung verändert sich entsprechend dem Willen, es entsteht eine neue Körperspannung, Atemräume werden entsprechend eingestellt
4. Atem fällt ein, die Körperspannung entspricht dem Geplanten, dem eigenen Willen
5. Die Stimme und die Artikulation machen die Absichten hörbar, lassen unseren Willen erkennen

Betrachten wir Punkt 2, stellen wir fest, dass das Vorstellen, die Imagination, ein Bindeglied zwischen dem Eindruck, dem Impuls und dem Verstehen ist.
Punkt 3 bezieht sich auf das ganzkörperliche Verstehen, welches das Erinnern mit einbezieht. Die Punkte 2 bis 4 beschreiben, dass ich mich zunächst selbst erzeugen muss, bevor ich den Anderen *beantworte*.

Der Weg der Erinnerung passiert verschiedene Schemata in unserem Körper.

> „Ein Schema besteht aus einer kleinen Zahl von Teilen und Relationen, dank derer es unendlich viele Wahrnehmungen, Bilder und Ereignisse strukturieren kann. ... Ein Schema ist ein wiederkehrendes Muster von bestimmter Form und Regularität für diese oder bei diesen fortlaufenden Aktivitäten. Diese Muster entstehen als für uns bedeutungsvolle Strukturen vornehmlich auf der Ebene unserer Körperbewegungen durch den Raum, unseres Umgangs mit Objekten und unserer interaktiven Wahrnehmung."[22]

Zusammenfassend bedeutet das, dass Verstehen und Erinnern ganzkörperliche Prozesse sind. Jeder Körper hat sein eigenes Gedächtnis.

Wenngleich der Akteur auf der Bühne sich nicht im Spontansprechen befindet, sondern mit einem fremden Text reagiert, so ist doch die sprecherische Aktion ähnlich.

---

[22] Vgl. Hübler, Axel: Das Konzept ›Körper‹ in den Sprach- und Kommunikationswissenschaften, Tübingen – Basel: A. Francke Verlag 2001, S. 259.

Der Akteur reagiert mittels seines eigenen Subtextes, seiner eigenen Vorstellung. Das Spontansprechen und das Sprechen fremder Texte stellt eine Verbindung zu den körperlichen Strukturen her. Wenn der Mensch nun allzu genau weiß, was er will, warum er redet, sollten eigentlich Präsenz und Klarheit der Aussage gegeben sein. Der gesunde Mensch sollte in der Lage sein, seine Absichten in einem direkten und klaren Ton formulieren zu können, entsprechend seiner sozialen oder beruflichen Situationen, in denen er sich gerade befindet. Leider ist es eben nicht immer so, und besonders Schauspieler, Sänger, Lehrer und Mediensprecher wissen, dass dies nicht selbstverständlich ist.

Für den darstellenden Künstler äußert sich dies in leeren Worten, es vermittelt sich weder Wille noch Absicht, Sprache und Körper kommen nicht zusammen. Für Lehrer und Mediensprecher äußert sich dies in einer unnatürlichen Sprechstimme und Sprechrhythmus sowie einer festen bis abweichenden Artikulation. Und hier verliert das Gesprochene die Funktion des zielgerichteten Sprechens.

Daraus ergeben sich folgende Fragen:

1. Wo fehlt die Aufmerksamkeit des Sprechers an der Situation, dem Partner?
2. Was braucht der Darsteller, um in ein zielgerichtetes Handeln zu kommen?
3. Warum kommt er nicht zum Antworten?
4. Welche Gewohnheiten haben sich verfestigt?
5. Welche Muskelgruppen sind im Haltungsapparat überlastet oder unterspannt?
6. Welche Knochenstellung ist im Skellett ungünstig und beeinträchtigt dadurch Atemräume und Stimmvolumen?

Als Goethes Faust die Heilige Schrift ins Deutsche übersetzen will, gerät er unbewusst in das Gebiet der Sprachphilosophie, der Sprechakttheorie.

> Geschrieben steht: „Im Anfang war das Wort!"
> Hier stock' ich schon! Wer hilft mir weiter fort?
> Ich kann das Wort so hoch unmöglich schätzen,
> Ich muss es anders übersetzen,
> Wenn ich vom Geiste recht erleuchtet bin.
> Geschrieben steht: Im Anfang war der Sinn.
> Bedenke wohl die erste Zeile,
> Dass deine Feder sich nicht übereile!

Ist es der Sinn, der alles wirkt und schafft?
Es sollte stehn: Im Anfang war die Kraft!
Doch, auch indem ich dieses niederschreibe,
Schon warnt mich was, dass ich dabei nicht bleibe.
Mir hilft der Geist! Auf einmal seh' ich Rat
Und schreibe getrost: Im Anfang war die Tat![23]

Goethe, Faust 1, Studierzimmerszene

Die Schrittfolge des entstehenden Wortes, welche Goethes Faust hier versucht herzuleiten, entspricht nicht nur der tatsächlichen Entstehung eines Wortes, bzw. eines gesprochenen Wortes nach aktuellem Wissensstand, sie entspricht auch dem Handlungsaspekt des Sprechens auf der Bühne im Umgang mit fremden Texten.
Bevor der Schauspieler auf der Bühne sprecherisch etwas verhandeln will, muss er sich fragen:

- Warum rede ich?
- Was will Ich?

Das „Funktionieren" von Atem, Stimme und Artikulation erweist sich erst in der schauspielerisch-gestischen Äußerung.[24]

Notizen **Raum für Notizen**

[23] Goethe, Johann Wolfgang: Faust, Der Tragödie Erster Teil, Verlag Phillip Reclam jun. Leipzig, 1988, S. 42.

[24] Klawitter/Minnich in: Schauspielen, Handbuch der Schauspielausbildung; Berlin, Henschel Verlag, 1998, S. 259.

2 Physiologie und freier Wille

2.1 Der Körper

„So ist mein Körper gelockert, meine Glieder sind
Leicht und einzeln, *alle Haltungen, die vorgeschrieben sind*
Werden ihnen angenehm sein.“[25]
(Lockerer Körper aus Messingkauf)

Brecht geht hier von dem (für die Bühne) notwendigen durchlässigen Körper aus, welcher dazu in der Lage ist, alle möglichen geistigen und körperlichen Haltungen einzunehmen – entsprechend der Situation.
Dieser Text ist gleichzeitig eine Übung, bei welcher Worte und Wortgruppen wiederholt werden, bis der Wortakzent mit der Pointierung der jeweiligen Haltung zusammentrifft.
Sie beginnt mit der „Schau nach innen“, die gestischen Bewegungen werden gleichzeitig mit der Artikulation erfühlt und ertastet.
Ab wann ist ein Körper durchlässig?

durchlässiger Körper

Ein durchlässiger Körper ist gegeben, wenn der Atem der Bewegung folgt, der Atem mit der Bewegung geht. Als Bewegung ist hier nicht allein die Bewegung im Raum gemeint, sondern auch das Reagieren, die innere Bewegung.

1. Übung

1. Übung: Punktspringen – Vertikales Denken

Ich pendel mit den Beinen auf den Ballen, als wollte ich immer wieder auf dem selben Punkt aufkommen.
Das abspringende Bein zeigt seitlich von dem hüpfenden Bein weg. Ich lasse den Körper dabei möglichst aufrecht, verlängere meine Halswirbelsäule um meinen Rücken nicht zu verkürzen. Ich lasse die Schultern dabei locker und bringe die Beine nicht zu weit weg vom Körper. Der Körper liebt Bewegung. Ich beginne auf diesem Weg erste Verspannungen von mir abzuschütteln.
Jetzt stehe ich ruhig und aufrecht an einem Ort und spüre meine Aufrichtung, Ich finde in mein Gleichgewicht über den kommenden und gehenden Atem.

[25] Aus Brecht, Bertolt: Die Gedichte von Bertolt Brecht in einem Band, Suhrkamp Verlag Frankfurt am Main 2002, S. 784.

Mein immer wieder neues Ausrichten des Körpers und Finden meines Gleichgewichtes lässt mich meinen Atem spüren, wie er den ausrichtenden Bewegungen folgt.

Bevor wir im Training die Atmung und Stimmführung trainieren, erkennen wir die Körperhaltung. Die Körperhaltung erzählt immer als Erste von der inneren Haltung des Betreffenden. Das Wort Haltung soll nicht dahingehend irritieren, dass wir etwas fest*halten*, vielmehr können wir davon ausgehen, von unserer gedanklichen Ausrichtung getragen zu werden.

Spannungsaufbau/ Spannungsabbau

Als Ganzes betrachtet ist der Körper ein gesamtrhythmisches System. Er befindet sich in einem ständigen Wechsel von Spannungsaufbau und Spannungsabbau.

Das Skelett mit seiner gesamten Muskulatur, seinen Bändern, der zentralen Steuerung und mit seiner seelischen Verfassung ermöglicht uns nicht nur einen flexiblen Umgang mit dem Körper, sondern lässt sich, entsprechend der Situation, beeinflussen. Unser Körper ist geprägt von Erlebnissen, Wertvorstellungen, und gesellschaftlichen Konventionen.

Verstehen/ Wissen

Das Verstehen von etwas in unserem Körper ist ein Ereignis. Das Wissen darüber ist bereits eine Interaktion innerhalb unseres Körpers.[26] Unser Organismus agiert mit der Umwelt, er erinnert sich an körperliche Strukturen innerhalb eines Ereignisses und operiert mit diesen Erinnerungen als wiederkehrende Muster. Mit anderen Worten, der Körper erfährt und lernt aus der Aktion heraus.

Körpergedächtnis

Leib

„Wir erleben die meisten Dinge mit und durch den Körper. Wenn wir Knie-Schmerzen haben, dann schmerzt weder unser Geist, noch allein unser Knie. Körper und Geist bilden in unserer Erlebnis-Perspektive eine untrennbare Einheit, die man Leib nennt."[27]

Wir erinnern uns, dass die Fähigkeit, sich etwas vorzustellen, die sogenannte Imagination, an das Verstehen gebunden ist. Somit ist das Denken ein ganzkörperlicher Prozess, bevor es sich im Sprechen löst. Leonardo da Vinci formulierte dies einmal so:

---

[26] Vgl. Hübler, Axel: Das Konzept ›Körper‹ in den Sprach- und Kommunikationswissenschaften, Tübingen/Basel: A. Francke Verlag 2001, S. 287.

[27] Aus Spät, Patrick: Der Mensch lebt nicht vom Hirn allein. Wie der Geist in den Körper kommt. Parodos Verlag, Berlin 2012; S. 233.

„Die Seele verlangt beim Körper zu verbleiben, weil sie ohne die organischen Werkzeuge dieses Körpers nichts zu wirken, noch zu fühlen vermag.“[28]

Leonardo da Vinci

Allein ohne unsere sechs Sinne ist kein Erleben möglich, das Gleiche gilt für Menschen, welche nur über vier oder fünf Sinnesorgane verfügen. Erlebtes formt über den Körper die Seele, somit formt jede Aktion unseren Willen, und damit verbunden auch den Impuls für die neue Handlung. So zeigt sich die materielle Seite der Gefühle in den muskulären Veränderungen des Körpers und der Atemkapazität.

Es gibt einen Wechsel zwischen Aufnehmen – Verarbeiten und Abgeben. Diesen ständigen Wechsel finden wir auch in den muskulären Rhythmen unseres Körpers mittels Spannungsaufbau und Spannungsabbau wieder. Die gesamten Muskeln und organischen Funktionen des Körpers arbeiten rhythmisch und situativ.

KÖRPER = Rhythmisches System

Dieser ständige Wechsel von Spannungsaufbau und Spannungsabbau zeigt sich ähnlich in den anderen Körperfunktionen, wie dem Herzkreislaufsystem, dem Magen-Darmbereich oder den Atmungsorganen. Es kommt also nicht nur in der Haltungsmuskulatur immer wieder zum Spannungsaufbau und Spannungsabbau, auch die organischen Funktionen arbeiten in diesem Wechsel. Das kann ein Grund dafür sein, warum wir Menschen uns gerne bewegen oder warum wir uns schnell von Musik getragen fühlen.

Wirbelsäule

Wesentlich für unsere Haltung ist die Form der Wirbelsäule.

Unsere Wirbelsäule besteht aus:

7 Halswirbel
12 Brustwirbel
5 Lendenwirbel
Kreuzbein
5 Steißbeinwirbel – Steißbein

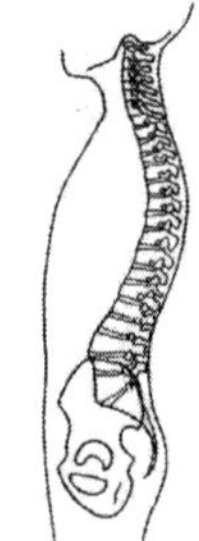

Die Wirbelsäule arbeitet während des aufrechten Gehens und Stehens natürlich gegen die Schwerkraft, kommt es jedoch hier bereits zu Schonhaltungen im Mittelkörperbereich, beginnen z. B. Streckmuskeln mit der Zeit zu verkümmern, der Rücken wird verkürzt, im oberen Körperbereich wird die Kraft für die aufrechte Haltung kompensiert. Die Bewegungen von Brustkorb und Zwerchfell sind nur noch eingeschränkt möglich.[29]

---

[28] Leonardo da Vinci: Philosophische Tragebücher, 1959, S. 103.

[29] Vgl. Seidner, Wolfram; Wendler, Jürgen; Kittel, Gerhard; Eysholdt, Ulrich: Lehrbuch der Phoniatrie und Pädaudiologie; Georg Thieme Verlag Stuttgart/New York 1996.

2. Übung

2. Übung: Schwerkraft

Ich stehe aufrecht und bringe Zeigefinger und Mittelfinger an die Stirn. Ich stelle mir vor, meine Finger sind es, welche den Kopf halten, ich löse nun die Finger und lasse den Kopf nach vorne fallen.
Jetzt bringe ich den Kopf wieder mit den Fingern in die Ausgangsposition, d. h. die Position, von welcher aus ich meine Halswirbelsäule nach oben verlängern kann. Ich wiederhole dies mehrfach und ergänze das Fallen lassen meines Kopfes mit einer hörbaren Ausatmung auf /f/.
Zum Schluss lasse ich meinen Kopf wieder von den Muskeln hochbringen, Ich versuche zu entdecken, welche Muskelpartien dazu notwendig sind.
Ich richte langsam den Blick über den rechten Schultergürtel, langsam geradeaus, langsam über den linken Schultergürtel. Ich lasse Lippen und Kiefer gelöst.

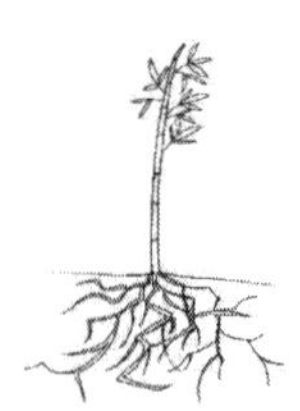

Wir erinnern uns, dass die aufrechte Haltung nicht einen völlig starren festen Körper beschreibt, sondern einen wachen Körper, der empfänglich ist für Raum und Situation. Wir können dies mit dem Bambus vergleichen. Der Wind führt den Bambus und der Bambus folgt. Gut verankert in der Erde, weich und flexibel und gleichzeitig stabil bewegt er sich Richtung Erde und wieder hinauf.[30]

Und jetzt stehen wir wieder auf der Bühne. Um mit dem fremden Text eine Figur verteidigen zu können, braucht es einen durchlässigen Körper und ein Handlungsmotiv. Der durchlässige Zustand ergibt sich aus der Berührung von Atem und Bewegung. Kommen Atem und Bewegung nicht zusammen, sind deine Spannungsverhältnisse nicht im Gleichgewicht, es gibt Verfestigungen.

Angelehnt an Robert Schleip stellen wir uns den Kopf als einen schwebenden Luftballon vor.
Dieses Bild kann eine Kontrolle für den entspannten Schultergürtel sein, denn als Luftballon hat unser Kopf keinerlei muskuläre Verbindung zu dem Schultergürtel. Es verändern sich dadurch die Haltung und der Blick.

In der Alexander-Technik ist der Kontakt des Kopfes zum ersten Halswirbel essentiell, so dass der Antischwerkraftreflex ausgelöst werden kann. Hierbei ist der Hals möglichst frei zu halten, so dass der Kopf nach oben vorne aufsteigen kann.[31]

---

[30] Vgl. Francia, Luisa: Das Rückenbuch, Sanfte Wirbelstürme Vergessene Flügel, Verlag Frauenoffensive München, 2. Auflage 2000, S. 39.

[31] Vgl. Hofer, Steffi: sprechen, Heft 59, Das Sehsystem und seine Einflüsse auf die eigene Präsenz, VfSK Heidelberg.

Frederick Matthias Alexander (1869-1955), geboren in Tasmanien, erkannte in seiner Arbeit als Rezitator ungünstige Gewohnheiten im Sprechen. Immer häufiger war er von Heiserkeit geplagt. Beim Rezitieren fiel ihm zunehmend die Tendenz auf, seinen Kopf nach hinten zu ziehen, dabei den Kehlkopf herunter zu drücken und den Atem über ein hörbares Geräusch einzusaugen.[32]

Diese Erfahrungen führten F. M. Alexander zu der Bedeutung von Kopf und Hals bei der Stimmführung. Von nun an achtete er darauf, den Kopf nach vorne und oben zu bringen. Hieraus folgte die weitere Idee von Alexander, den Nacken zu verlängern. Damit ist gemeint, die Halswirbelsäule nur um ein paar Millimeter zu längen. Der lange Nacken lässt sich über den größtmöglichen Abstand zwischen Ohrläppchen und Schultern kontrollieren. Es ist nicht gemeint, die Schultern herunter zu drücken, denn damit erzeugen wir das Gegenteil.

Die aufrechte Haltung ist auf ein fast senkrecht aufgestelltes Becken angewiesen. Wir sprechen vom Beckenraum als dem Schwerpunkt des Körpers (siehe Luftballonbild).
Der Schwerpunkt ist entscheidend für alle Bewegungen, dieser wird geführt von der Richtung meines Zieles, meiner Absicht, nicht von der Arbeit der Gelenke. Und so sind es auch bei einer Marionette nicht die Glieder, die die Bewegung möglich machen, sondern der Schwerpunkt der Puppe, welcher von ihrem Spieler geführt wird. In Heinrich von Kleists Schrift „Über das Marionettentheater" finden wir eine Parallele zu den Mechanismen unseres Körpers.

> „Jede Bewegung, sagte er, hätte einen Schwerpunkt; es wäre genug, diesen, in dem Innern der Figur zu regieren; die Glieder, welche nichts als Pendel wären, folgten ohne irgendein Zutun, auf eine mechanische Weise von selbst."[33]

Der Schwerpunkt verlagert sich entsprechend der Fortbewegung. So verlagert er sich zum Beispiel bei schneller werdender Bewegung nach oben. Oft verlieren die Studenten den Kontakt zu ihrem eigenen Schwerpunkt, was sich in ihrer Körperhaltung, besonders dem verkürzten Rücken, widerspiegelt.

---

[32] Vgl. Rennschuh, Helmut: Das Richtige geschieht von ganz allein. Loslassen mit Alexandertechnik und Zen. Lüchow in der J. Kamphausen Verlag & Distribution GmbH, Bielefeld, 2010, S. 63.

[33] Aus Kleist, Heinrich von: Sämtliche Werke und Briefe, Deutscher Taschenbuch Verlag GmbH & Co. KG München 2001, Marionettentheater: S. 339.

3. Übung

3. Übung: Eine Schale mit Wasser

Ich stehe aufrecht mit meinen Füßen unter der rechten und linken Beckenschaufel. Ich bringe die Hände auf die rechte und linke äußere Beckenschaufel, sodass meine Finger auf der Vorderseite aufliegen, der Daumen auf der Rückseite. Jetzt kippe ich das Becken Richtung Boden, als ob ich dabei Wasser aus einer Schale kippen würde. Ich atme dabei auf einem hörbaren /f/ aus. Meine aufrechte Wirbelsäule verändert sich dabei nicht.

Kiefer und Lippen sind gelöst. Ich lege jetzt die Daumen vorne auf, die Finger hinten und kippe mein Becken zurück. Ich lasse den Atem, das Wasser, einströmen, tonlos. Ich wiederhole diese Übung 5- bis 6-mal und achte darauf, mir den Vorgang genau vorzustellen. Meine Muskeln finden dadurch den natürlichen Spannungsgrad. Dies ist der Beginn, meine Becken- und Bauchmuskulatur zu lockern und das Zentrum, mein Körperzentrum, zu entdecken.

Fassen wir zusammen, dass die Körperhaltung immer an den Seelenzustand des jeweiligen Sprechers gebunden ist, ihm sozusagen folgt. Der Ist-Zustand des Sprechenden spiegelt sich in seiner Körperspannung wieder. Die damit verbundene muskuläre Einstellung führt zu kleinen oder großen Atemräumen, den entsprechenden Resonanzen und Lautgriffen.
Das heißt, das gesprochene Wort stellt mit meiner Tonart immer mein sogenanntes zielgerichtetes Handeln vor.

Eine gesunde leistungsfähige Atemführung ist von der jeweiligen Körperhaltung abhängig. Der gesamte Körper beteiligt sich. Der Brustkorb folgt dem jeweiligen Bewegungsmuster der Wirbelsäule, aber auch Schultergürtel, Beckengürtel, Rumpf und Gliedmaßen beteiligen sich. Ein Hochziehen, mittels des Schultergürtels, verkleinert den Brustkorb und verringert somit das Atemvolumen, das Zwerchfell arbeitet paradox.
Ist dies allerdings für die Figur und deren Haltung notwendig, begünstigt hier die Haltung und Atemführung die entsprechende Stimmfarbe und Artikulationsspannung, trotz alle dem benötigt der Körper die physiologische Basis, um den Bühnenraum zu füllen.

4. Übung: Perlenkette

4. Übung

Ich stelle die Füße parallel unter das Becken, somit komme ich besser in mein Gleichgewicht. Jetzt beginne ich, zuerst den Kopf und dann Wirbel für Wirbel abfallen zu lassen, wie die Perlen einer Perlenkette, mit dem Ziel, nur noch vom Steißbein herunter zu hängen. Ich achte darauf, den Kopf hängen zu lassen. Dies ist für den Körper eine herrliche Entspannung, gleichzeitig weiten sich die Flanken spürbar und der Kopf ist in Bodennähe, was auch mein Denken verändert. Unten schüttel ich mich genussvoll aus, als wollte ich die Perlenkette einmal schütteln. Jetzt erschüttere ich mit den Fersen den Boden, Kiefer und Lippen sind gelöst, ich richte Wirbel für Wirbel auf, hier ist der Kopf das Letzte, was sich aufrichtet.

Übungen mit dem Kopf am Boden verändern immer die Perspektive des Denkens und machen den Geist wieder wach.

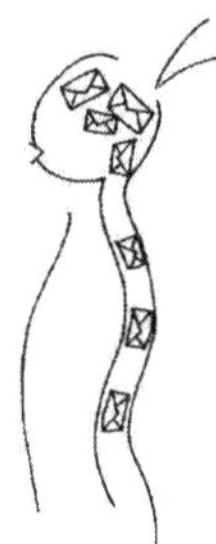

Die Wirbelsäule erhält über das Rückenmark die Informationen vom Gehirn. Dadurch entsteht der entsprechende Muskeltonus. Der Gedanke oder der Impuls bestimmen die Körperspannung. Haltung und Atmung bilden eine Einheit. Als zentrale Achse unseres Körpers ist die Wirbelsäule für den aufrechten Stand und alle anderen Bewegungen der Körperteil, der zuerst zum Einsatz kommt. Da die Wirbelsäule die Verbindung zum Gehirn mittels des Rückenmarks hat, nennen wir die Wirbelsäule auch gerne „Botschafter des Gehirns".

zentrale Achse

5. Übung: Geh bitte!

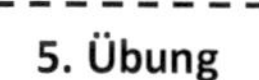

Ich versuche einmal den Satz: **„Geh bitte!"** mit unterschiedlichen Zielen zu sprechen und entdecke dabei die verschiedenen körperlichen Ausgangspunkte, welche zu den einzelnen Sprechergebnissen führen. Inwieweit bin ich mit meinem Ziel beschäftigt, und wie sehr versuche ich mit körperlicher Zusatzarbeit mein Ziel zu begünstigen?

In einem weiteren Auszug aus Kleists Schrift „Über das Marionettentheater" zeigt Heinrich von Kleist wieder, wie sehr doch das Bemühen um etwas vom eigentlichen Handeln wegführt – uns sogar den Weg versperrt, der zum Ziel führen kann. So berichtete Herr C. im Marionettentheater von einem Bären, welcher genau wusste, was die Situation des Kampfes braucht.

> „Der Bär stand, als ich erstaunt vor ihn trat, auf den Hinterfüßen, mit dem Rücken an einem Pfahl gelehnt, an welchem er angeschlossen war, die rechte Tatze schlagfertig erhoben, und sah mir ins Auge: das war seine Fechterpositur, ich wusste nicht, ob ich träumte, da ich mich einem solchen Gegner gegenübersah; doch: stoßen Sie! stoßen Sie! sagte Herr v. G. ..., und versuchen Sie, ob Sie ihm eins beibringen können! Ich fiel, da ich mich ein wenig von meinem Erstaunen erholt hatte mit dem Rapier auf ihn aus; der Bär machte eine ganz kurze Bewegung mit der Tatze und parierte den Stoß. Ich versuchte ihn durch Finten zu verführen; der Bär rührte sich nicht. Ich fiel wieder, mit einer augenblicklichen Gewandheit, auf ihn aus, eines Menschen Brust würde ich ohnfehlbar getroffen haben: Der Bär machte eine ganz kurze Bewegung mit der Tatze und parierte den Stoß. ... Der Ernst des Bären kam hinzu, mir die Fassung zu rauben, Stöße und Finten wechselten sich, mir triefte der Schweiß: umsonst! Nicht bloß, das der Bär, wie der erste Fechter der Welt, alle meine Stöße parierte; auf Finten (was ihm kein Fechter der Welt nachmacht) ging er gar nicht erst ein: Aug in Auge, als ob er meine Seele darin lesen könnte, stand er, die Tatze schlagfertig erhoben, und wenn meine Stöße nicht ernsthaft gemeint waren, so rührte er sich nicht."[34]

Kleist deckt unter anderem damit, vor ca. 200 Jahren, den Irrglauben auf, der Mensch sei dem Tier in Allem überlegen, denn der Bär beschäftigt sich nicht mit dem zusätzlichen Bemühen, um der erwarteten Form zu entsprechen. Sein körperlicher Einsatz folgt einzig und allein seinem Instinkt, dessen was die Situation fordert.

---

[34] Aus: Kleist, Heinrich von: Sämtliche Werke und Briefe, Deutscher Taschenbuch Verlag GmbH & Co. KG München 2001, S. 344.

2.2 Die Atmung

Häufig wird im Unterricht und auf der Bühne zu oft oder zu wenig geatmet. Dies passiert, wenn der Student, der Akteur, dem Partner nicht richtig zuhört. Er denkt nicht im Sinne der Situation.

Er konzentriert sich nicht genau auf das, was die Situation gerade verlangt. Es kann die notwendige Sprechspannung, die für den neuen Gedanken, die veränderte Haltung, die nötig ist, nicht erreicht werden.[35]

Gedanke

Atmet er also zu oft, wird der Gedanke und somit die sich aufbauende Sprechspannung unterbrochen, atmet er zu spät, spricht er mit Überdruck, der neue Gedanke wird zu spät bewegt. Das Sprechdenken bleibt fehlerhaft, der gesprochene Text bleibt hölzern, Körper und Sprache fanden nicht zusammen, der fremde Text kann nicht zum eigenen Text des Sprechenden werden.

Die optimale Atemform ist die natürliche kombinierte Atmung, die sogenannte Brust-, Bauch-, Flankenatmung, hierbei können die Zwerchfell-, Flanken-, Bauch- und Brustmuskulatur ihren physiologischen Bewegungsformen folgen. Die bewegte Luftmenge, Bewegungsaufwand, Atemdauer und Rhythmus hängen immer von den geforderten Leistungen ab.[36] Wir erinnern uns an den natürlichen Wechsel von Spannungsaufbau und Spannungsabbau.

Ruheatmung
Sprechatmung

Der einfallende und gehende Atem wird bei der Ruheatmung reflektorisch geregelt, bei der Sprechatmung wird er durch den Sinn, also unter dem Einfluss der Sprechabsicht und Situation gesteuert.

6. Übung

6. Übung: Wahrnehmung 1

Ich stehe meinem Partner gegenüber, mit leicht geöffnetem Kiefer und Lippen. Ich untersuche nun die Gesichtslandschaft meines Gegenübers, oder schaue ihm in die Augen. Jetzt beginne ich, zeitweise Kiefer und Lippen geschlossen zu lassen und dann wieder zu lösen.
Ich beobachte dabei meine Wahrnehmung an dem Partner und die sich verändernde Regulation meiner Atmung.

Bereits bei dieser kleinen Übung ist es gegeben, wie unmittelbar das Gegenüber oder die Situation Einfluss auf unsere Atmung hat.

---

[35] Klawitter, Klaus/ Minnich, Herbert: aus Schauspielen; Handbuch der Schauspielerausbildung: Herausgeber Gerhard Ebert; Rudolf Penka, Henschelverlag Kunst und Gesellschaft DDR, Berlin 1985, S. 261.

[36] Seidner, Wolfram; Wendler, Jürgen: Die Sängerstimme – phoniatrische Grundlagen der Gesangsausbildung, Henschel Verlag Berlin, 1987, S. 56.

7. Übung

7. Übung: Wahrnehmung 2

Ich stehe locker auf beiden Beinen und horche aufmerksam in die Umgebung. Dabei sind Kiefer und Lippen leicht gelöst voneinander, Plötzlich höre ich eine vertraute Stimme, kann sie aber nicht sehen. Wir können die Übung steigern, indem ich auf die Zehenspitzen steige, beim Entdecken des Geräusches. Was jetzt passiert, ist, dass mein Körper mit dem ‚Atemholen' auf den Eindruck reagiert, situativ folgend und nicht schnappend. Ich achte darauf, dass ich nicht hörbar nach Luft schnappe, so hat es die Physiologie nicht gemeint. Das Atemvolumen steht mir optimal zur Verfügung. Häufig jedoch wird das „Luft-kommen-Lassen", auf diese Formulierung einigen wir uns im Unterricht, von den oberen Muskelpartien eingeschränkt.
Das Atmen wird von einem *Tun* überschrieben, was dem Natürlichen den Weg versperrt. Es verspannen sich Schultergürtel und Brustkorb, das Atemvolumen wird verkleinert, der Atemapparat ist beeinträchtigt.

Was ist unwillkürlich?

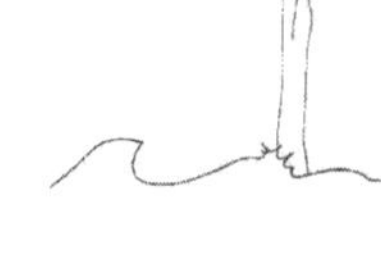

Wir stellen uns vor, dass der Ausatemstrom die Welle zum Strand hin ist. Entsprechend der Höhe der Welle, welche durch den Schwung des Wassers entsteht, ist die Wucht des zurückfließenden Wassers. Vergleichbar mit dem Wasser, welches in das Meer zurückfließt, ist der einfallende Atem. Es passiert von allein.[37]

Grundlagen

Physiologische Grundlage:

Aus neurologischer Sicht hat die Atmung in fast jedem Abschnitt des Zentralorgans ihre Repräsentation, zum einen ist sie über das gesamte Rückenmark ausgebreitet, zum anderen vom bulbären Zentrum geleitet (verlängertes Rückenmark), auch Rautenhirn genannt.
Unser zentrales Nervensystem reagiert bei Sauerstoffmangel oder kohlendioxidreichem Blut mit Impulsen auf die Atemmuskulatur. Zur Atemmuskulatur zählen wir einmal das Zwerchfell sowie die inneren und äußeren Rippenmuskeln.
Das Zwerchfell ist ein Muskel, welcher den Bauchraum vom Brustraum trennt. Es ist hilfreich, sich das Zwerchfell als ein dünnes Seidentuch vorzustellen, welches durch sein leichtes Auf- und Abwärtsbewegen dem Gedanken folgt.

---

[37] Vgl. Rennschuh, Helmut: Das Richtige geschieht von ganz allein; Loslassen mit Alexandertechnik und Zen. Lüchow in der J. Kamphausen Verlag & Distribution GmbH, Bielefeld, 2010, S. 118.

Der Muskel setzt an den unteren Rippenbögen und dem 3./4. Lendenwirbel an. Der Gedanke, der handlungsauslösende Moment, löst das Senken des Zwerchfells aus.

So können wir uns das Wortspiel eines Schauspielstudenten merken:

... die Gedanken in die Flanken

1. Sauerstoffmangel oder die Vorbereitung zum Handeln lösen das Senken des Zwerchfells Richtung Füße aus, der Brustkorb weitet sich (hierbei kommt es zum leichten Hinunterschieben der Organe, was eine Wölbung im Bauchraum und Flankenbereich erkennbar macht; weiterhin kommt es zur Weitung des Brustkorbes) = SPANNUNGSAUFBAU

Atem zeigt dich

2. es entsteht Unterdruck im Brustkorb = ATEMHUNGER
3. es kommt zum reinfallenden Atem = SAUERSTOFFZUFUHR
4. es entsteht Überdruck und Kohlendioxidüberschuss
5. Zwerchfell entspannt sich kuppelartig Richtung Kopf Rückstellkräfte der Rippenbögen entspannen den Brustkorb = LÖSUNGSPROZESS
6. Ausatmung, Phonation, Artikulation = SPANNUNGSABBAU

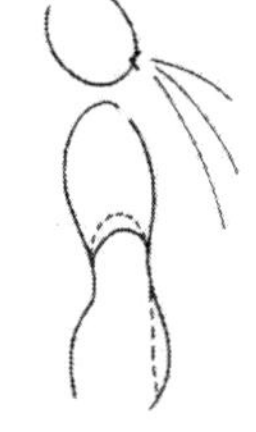

Damit Dynamik entstehen kann, braucht es einen Körper ohne Blockierungen. Kontakt ist Dynamik.

8. Übung Flex/Relax

8. Übung

Ich liege auf dem Rücken, Arme an der Seite, Beine und Füße möglichst geschlossen, Kiefer und Lippen sind gelöst.
Jetzt ziehe ich nur die Fußspitzen Richtung Kopf, lasse dabei die Beine auf dem Boden liegen, halte die Spannung und lasse jetzt die Füße, Fußspitzen wieder nach außen fallen.
Ich wiederhole das Anziehen der Füße – Flex – Spannungsaufbau im Wechsel mit dem Lösen der Füße – Relax – Spannungsabbau. Ich erfahre nun mehr und mehr, wann der Atem einfällt und wann er entweicht. Ich lenke meine Aufmerksamkeit hierbei in die Flanken. Es ist wieder die Aktion, Flex, die den notwendigen Atem organisiert.

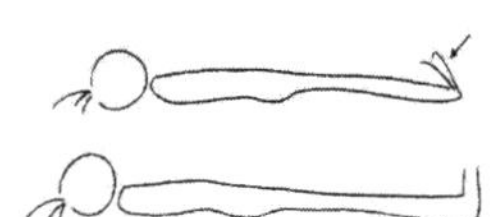

9. Übung

9. Übung – Gedanken in die Flanken

Ich hänge Kopf über vom Steißbein herunter und stehe etwas breiter als meine Beckenknochen vorgeben. Ich konzentriere mich jetzt auf den Müll, der auf dem Boden liegt, und schiebe diesen mit beiden Händen abwechselnd nach rechts und nach links, weg aus meinem Blickfeld, um somit den Boden zu säubern. Ich entscheide mich immer wieder neu für das Beseitigen und löse mich mit den Zischlauten /f - s - ch - sch/ von meiner Absicht. Ich lasse dabei den Gedanken, etwas beseitigen zu wollen, immer wieder in den Flanken ankommen. Es ist der Vorgang, der den Atem lenkt. Ich kann die Übung steigern, indem ich statt der Zischlaute /weg/ spreche, oder meinen eigenen Text anwende.

10. Übung

10. Übung: Kerzen ausblasen

Ich stehe gut ausgerichtet in meinem Gleichgewicht und sehe ungefähr 4 Meter vor mir 4 Kerzen. Diese puste ich auf <f - s - ch - sch> aus. Ich puste nicht mit Druck, sondern zielgerichtet, um die Flamme zu löschen. Ich kann dies steigern auf 8; 12; 16 Kerzen; usw. Hierbei lockere ich mein Zwerchfell gut und erwärme damit den Bauch- und Beckenraum. Ich ergänze die Konsonanten mit Vokalen.

<ff - ss - chch - schsch> oder <f - s - ch - sch-f - s - ch - sch>
<fff - sss - chchch - schschsch> oder <f - s - ch - sch-f - s - ch - sch - f - s - ch - sch>...

Vergleichen wir das Spontansprechen mit dem Bühnensprechen, so stellen wir fest, dass es in den meisten Fällen eine Harmoníe zwischen Gedanken und Atem gibt. Mit anderen Worten, bei einem gesunden und durchlässigen Körper, ist die Dauer der Ausatmung genauso lang wie der Gedanke. Wir atmen also unbewusst immer soviel Luft, wie wir für den Gedanken benötigen.[38]
Ich probiere folgende Sätze, und versuche dabei pro Satz auf einer Ausatmung zu sprechen. Ich entscheide mich vorher für einen Grund, diesen Satz zu sprechen und lass mich von diesem Grund, der Absicht, führen. Ein Grund könnte sein: „Nimm bitte heute Abend einen anderen Heimweg."

[38] Klawitter, Klaus/Minnich, Herbert: aus Schauspielen; Handbuch der Schauspielerausbildung: Herausgeber Gerhard Ebert; Rudolf Penka, Henschelverlag Kunst und Gesellschaft DDR, Berlin 1985, S. 261.

Anwendungstext

Anwendungstext

- *Dort draußen treibt sich der Mörder rum.*
- *Dort draußen am dreckigen Dorfteich treibt sich der Mörder rum.*
- *Dort draußen am dreckigen Dorfteich, dort wo der Torf treibt, treibt sich der Mörder rum.*
- *Dort draußen am dreckigen Dorfteich, dort wo der Torf treibt, unter der braunen Brücke, treibt sich der Mörder rum.*
- *Dort draußen am dreckigen Dorfteich, dort wo der Torf treibt, unter der blaubraunen Brücke, wo die graugrüne Kröte kriecht und die nichtschleimige Schlange schleicht, treibt sich der Mörder rum.*
  (überliefert)

Und hier zeigt sich nun die Konkretheit des Gedankens, aufgrund der Wechselwirkung zwischen genau Gedachtem, Geplantem und der Einatmungsmenge. Der konkrete Gedanke wird über das Sprechen hörbar.
Auf den Sprech-Denk-Ablauf haben nicht nur die Einatmungsmenge des vorherigen und des gegenwärtigen Gedankenverlaufs Einfluss, genauso ist die entsprechende Situation, in der sich der Sprecher befindet und die damit verbundene psychische Verfassung bestimmend für den Atem. Denn nicht nur die Einatmungsmenge wird von dem jeweiligen Gedanken gesteuert, auch die physische Verfassung des Sprechers, der Körpertonus.

11. Übung – Äpfel pflücken

11. Übung

Ich stehe locker in aufrechter Haltung, schaue hinauf in die Apfelkrone und entscheide mich für einen saftig schmackhaften Apfel über mir (für den Apfel sind auch andere Zielobjekte einsetzbar). Lasse meine Lippen und Kiefer dabei gelöst und greife, unmittelbar nach meiner Entscheidung, nach dem Apfel, pflücke ihn ab. Damit das Greifen möglichst mit allen Fingern und der Handinnenfläche passiert, wähle ich einen recht großen Apfel.
In dem Moment, wo ich den Apfel vom Ast löse, löst sich meine Körperspannung, synchron spreche ich die Silbe <sop> und löse mich somit von Atem und Stimme.
Ich achte wieder darauf, genau in den Vorgang einzusteigen, sonst bringe ich mich um eine Erfahrung, welche mir später als Handwerk zur Verfügung stehen soll.
Ich steigere die Übung, indem ich mehrere Äpfel pflücke. Ich versammle mich zuerst für den Eindruck und komme dann mit der Handlung in den Ausdruck.

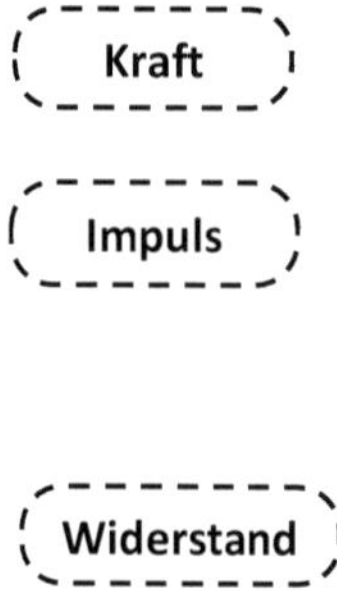

Jeder eigene Antrieb, die sogenannte Absicht, bedarf einer Kraft. Diese Kraft setzt sich zusammen aus Atem und Muskeltonus. Jede Kraft hat aber eben auch immer ihren Ursprung, und das ist der Impuls, der handlungsauslösende Moment. Das heißt, wir erfahren bereits über die Körperspannung und über den Rhythmus der Stimmführung von dem Willen, anders formuliert, der Absicht des Sprechers. Weitergeführt erkennen wir in jeder Kraft einen Anfangs- und Endpunkt, welcher die Ausbreitung meines Körpers, meiner Präsenz, sichtbar macht. Wir handeln immer aus einem Widerstand heraus.

Hier kommt mir ein Satz von Juri Vasiljev[39] in den Sinn, welcher meinte:

> „Worte sind nur ein Teil der Vermittlung meines Willens, sind Rhythmus und Spannung klar, ist die Vermittlung meines Willens schon passiert."

Und wieder ist mein Körper in seiner gesamten Präsenz vermittelnd tätig. Der Körper als Instrument in seiner Gestimmtheit betrachtet, erzählt. Wir sprechen zur Verdeutlichung der Atemfunktionen von vier Gründen zum Atmen:

1. Gasaustausch/Sauerstoffzufuhr – Kohlendioxidabgabe
2. Druckausgleich zum atmosphärischen Außendruck (hier kommen die muskulären Rückstellkräfte ins Spiel)
3. Impuls, Atem ist geführt vom Denken
4. Gliederung der Gedanken

Natürlich ist keiner der Gründe unabhängig von den Anderen zu betrachten, es sei nur für den Bühnensprecher hier noch einmal die unwillkürliche Atemführung unterstrichen. Wir erinnern uns noch einmal an das Bild der Welle.

Stell dir vor, du stehst am Strand, dein Atem ist die Welle des Meeres, die jetzt deine Zehen umspült. Die Welle kommt und geht, wie dein Atem, immer und absolut zuverlässig, es braucht nur dein Vertrauen.[40]

---

[39] Schauspieler und Sprechtrainer an der staatlichen Akademie für Bühnenkünste St. Petersburg.

[40] Zurhorst, Eva Maria: Liebe dich selbst und es ist egal, wen du heiratest. Wilhelm Goldmann Verlag, München 2004.

2.3 Die handelnde Stimme

Ergebnis deines Denkens

Die menschliche Stimme ist nichts Beständiges, sondern Fließendes. Sie bewegt und verbindet die Menschen, Dinge und Erscheinungen des Lebens. Und genau darum soll es gehen in unserem Training: Inwieweit kannst du deinen Körper, und somit deine Stimme, diesem Fluss zur Verfügung stellen, um zu bewegen. Die Stimme ist ein akustisches Ergebnis, Ergebnis deines Denkens und deiner Haltung zu den Dingen der Welt. Es sind immer psycho-physische Prozesse, welche deine Tonart und Ausdrucksform hervorbringen.

Die Stimmführung ist die in Schwingung versetzte Ausatmung mittels des Kehlkopfes, Situation und Partner. Die Klang- und Geräuschbildung findet in den Hohlräumen innerhalb und oberhalb des Kehlkopfes statt. Auf die Stimmführung haben der Schultergürtel, die Beckenstellung, die Wirbelsäule und ebenso der Stand deiner Füße Einfluss. Genauso kann deine Gesichtsmuskulatur, beispielsweise die Spannung der Lippen, der Kiefermuskeln sowie der Ausdruck der Augen, deine Offenheit beeinträchtigen, somit die Atem- und Stimmführung verändern. Die Absicht für Kontakt zeigt sich in deinem Blick.

Physiologische Grundlagen:

Phonationsvorgang

Wir bezeichnen den Stimmerzeugungsprozess als Phonation. Das Phonationsorgan ist der Kehlkopf. Die primäre Funktion des Kehlkopfes ist die Ventilfunktion. Durch sphinkterartige Bewegungen der Stimmritze (Glottis), und dem Schließen des Kehldeckels wird die Luftröhre vor dem Eindringen von Speichel, Speise- oder Umweltpartikeln geschützt. Das Husten schleudert die auf die Stimmlippen gelangten Partikel wieder aus. Sekundär dient die Stimmritze der Stimmerzeugung. Der Atemapparat liefert die treibende Kraft *Luft*, auf welche sich die Stimmlippenschwingungen einstellen.

Wie geht das vor sich?

1. ein Impuls löst den einfallenden Atem aus
2. es entsteht Überdruck im Brustkorb, die Stellknorpel (Aryknorpel) nähern sich mit den Stimmlippen an
3. die Stimmlippen geben dem von unten kommenden Luftdruck nach, es kommt zur Sprengung der Stimmlippen
4. die ausströmende Luft trifft auf einen engeren Raum, innerhalb des Kehlkopfes, – hierdurch erhöht sich die Strömungsgeschwindigkeit

5. die erhöhte Strömungsgeschwindigkeit löst einen Sogeffekt aus, welcher für das Verschließen der Stimmlippen verantwortlich ist
   – es entstehen rhythmische Schwingungen, unterhalb (subglottisch) und oberhalb (supraglottisch) der Stimmritze
6. es kommt zum mehrfachen Verschließen und Öffnen, was die treibende Kraft *Luft* in Schwingungen versetzt und somit die ausströmende Luft zum tönenden Medium werden lässt

Bei der Tonbildung sind die Stimmlippen passiv, die ausströmende Luft aktiv.[41] Diese Theorie der Stimmerzeugung nennen wir Myoelastisch-aerodynamische Theorie.[42]

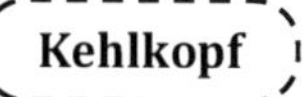

Der Kehlkopf besteht aus Knorpeln, Bändern und den beiden Stimmlippen.

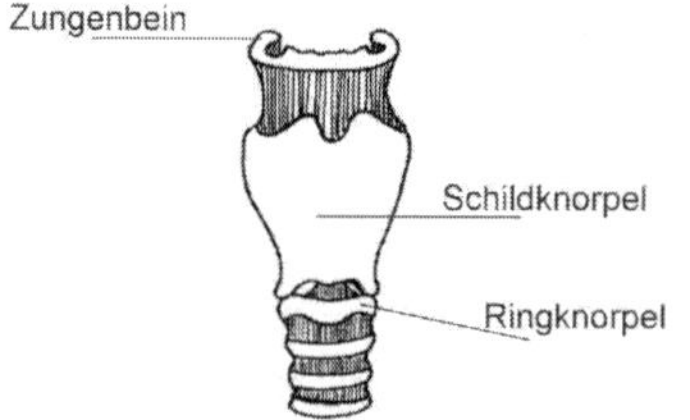

Beginnen wir am untersten Ende:
Hier sitzt der Ringknorpel auf der Luftröhre auf und bildet somit das verdickte obere Ende der Luftröhre. Der Schildknorpel, bestehend aus seinen beiden Schildknorpelplatten, sitzt mit seinen beiden Hörnern auf dem Ringknorpel auf, und ist somit gelenkig mit dem Ringknorpel verbunden. Das Zungenbein ist nach oben hin mit der Zungenwurzel verbunden.

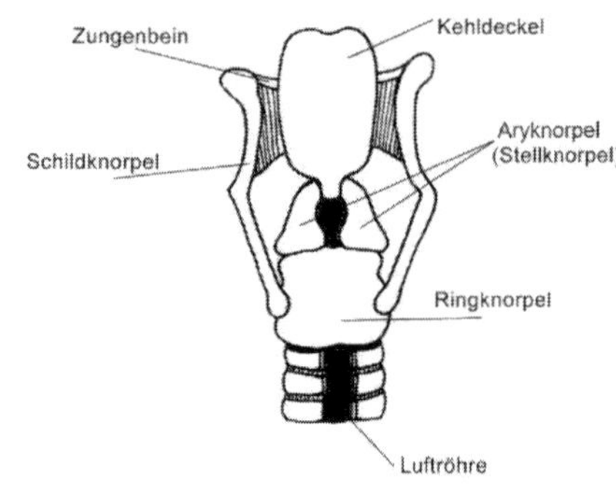

---

41 Aderhold, Egon: Sprecherziehung des Schauspielers, Henschel Verlag Berlin 1984, S. 124.

42 Vgl. Seidner, Wolfram; Wendler, Jürgen; Kittel, Gerhard; Eysholdt, Ulrich: Lehrbuch der Phoniatrie und Pädaudiologie; Georg Thieme Verlag Stuttgart/New York 1996.

Die beiden Stellknorpel, an welchen die Stimmlippen befestigt sind, befinden sich auf der Ringplatte des Ringknorpels, zur Halswirbelsäule zeigend.
Die Stellknorpel bewegen sich aufeinander zu, kippen rückwärts oder drehen sich um ihre Längsachse. Sie beeinflussen die Beweglichkeit unserer Stimmlippen.

Zungenbein
Bänder
Schildknorpel
Aryknorpel (Stellknorpel)
Ringknorpel
Luftröhre

Die Stimmlippen bestehen aus dem Vokalismuskel (musculus vocalis), dem Stimmband (Ligamentum vocalis), der Schleimhaut, Nerven, Bindegewebe und Gefäßen. Der Vokalismuskel ist zwischen dem Schildknorpel und den Stellknorpeln gespannt. Die Schleimhaut umschließt den Vokalismuskel und kleidet von dort an den Kehlkopf bis zum Ringknorpel nach unten hin aus.

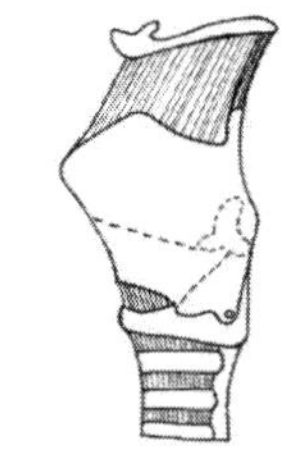

Die Schleimhaut ist maßgebend an der Schwingungsbildung beteiligt. Die Frequenzen der Tonhöhe hängen von der Spannung und Länge der Stimmlippen ab, d.h., je höher der Ton, desto gespannter die Stimmlippen.

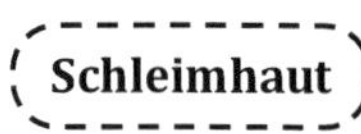

Die Kraft der Stimme ist abhängig vom Glottisschluss und dem entsprechenden Anblasedruck unterhalb der Glottis.

12. Übung

12. Übung: Gähnen

Das Gähnen entspannt die Mundwerkzeuge, den Kehlkopf und die Augen. Der Rachen weitet sich, mein Kehlkopf steht tiefer, das Gaumensegel wird gespannt. Ebenso führe ich mir intensiv Sauerstoff zu. Ich unterstütze mein Gähnen mit einem genussvollen Rekeln und Strecken meines Körpers.

13. Übung

13. Übung: Lippenflattern

Das Lippenflattern kennen wir aus Kinderzeiten, als wir imaginär unsere ersten Autos fuhren, oder ein Pferd imitierten. Ich beachte hier, nicht mit Lippendruck zu viel zu wollen, denn nichts anderes ist das Lippenflattern, als das Zerteilen der Ausatemluft.
Ich probiere zuerst tonlos, dann mit Ton und lasse mit einem Tonbogen von oben nach unten ein imaginäres Herbstblatt fallen. Das Herbstblatt holt meine Stimme nochmals vor, da ich außerhalb meines Körpers agiere. Ich konzentriere

mich genau auf den Vorgang, nur so kommt meine Stimme in das Handeln, und dadurch erst in das Vermitteln.

In dieser Übung trainiere ich wieder die größtmögliche Berührung von Bewegung und Atmung. Die Bewegung und der Atem, welche durch den Impuls, den Gedanken geführt werden, bringen die Stimme hervor.
Die Stimme fließt durch den gesamten Körper, es ist das gesamte *Instrument* hörbar, erlebbar, und verständlich in seinem Tun.

Stütze

Oftmals wird in Verbindung mit dem stimmlichen Handwerk der Begriff „Stütze" gebraucht. Hier ist es absolut notwendig, ausreichend zu klären, was genau der Benutzer mit diesem Begriff meint. Meint man hier die veraltete Form der Bauchdeckenanspannung, also konträr zum loslassenden Atem zu arbeiten? Oder ist einfach ein konditionierter Körper mit einer belastbaren Atemhaltedauer gemeint. Letzterem schließe ich mich mit meinem Arbeitsziel an, denn Kondition, körperliche Belastbarkeit, eine trainierte Mittelkörperspannung und somit eine Optimierung des Atemhaushaltes sind unablässig für den Bühnendarsteller. Dem Spannungsabbau im Mittelkörperbereich ist entgegenzuwirken. Der ideal trainierten Mittelkörperspannung folgt in den meisten Fällen die muskuläre Entlastung im Schulter- und Nackenbereich. Dies sind die Voraussetzungen, um die eigene Indifferenzlage zu finden.

Indifferenzlage

Die Indifferenzlage beschreibt die Sprechstimmlage mit dem geringsten muskulären Kraftaufwand. Die sogenannte mittlere Sprechstimmlage wird nicht immer physiologisch geführt.

mittlere Sprechstimmlage

Die mittlere Sprechstimmlage umfasst den Bereich, der beim Sprechen verwendeten mittleren Tonhöhe, von welcher sie nach oben und unten moduliert. Eine mittlere Sprechstimmlage besitzt jeder von uns. In der Wahrnehmung der Stimme müssen wir zwischen dem unterscheiden, was natürlich ist, und dem, was gewohnt ist.[43] Allzu oft ist für den Sprecher das Gewohnte schon natürlich, gleichzeitig kann das Gewohnte jedoch unsere Präsenz beeinträchtigen.

Gewohnheiten

Da es in der Sprech- und Stimmbildung selten um neue Bewegungsmechanismen geht, sondern eher regressiv gearbeitet wird, ist das Üben wertvoll dafür, Gewohnheiten auszulassen. Damit ist nicht das Korrigieren gemeint, sondern, das Gewohnte zu lassen. Wer nur korrigiert, erlangt meist nur Verspannungen, da zwei Bewegungsmuster kollidieren. Ein Teil des Übens ist somit das *Weglassen gewohnter Bewegungsmechanismen.* Gewohnheiten sind fest verankert in unserem Gehirn, unabhängig davon, ob sie günstig oder ungünstig sind.

---

[43] Vgl. Linklater, Kristin: Die persönliche Stimme entwickeln – Ernst Reinhard Verlag München/Basel 1997, S. 15.

Was an Gedanken und Impulsen in den Körper eingedrungen ist, wird von ihm verarbeitet. Das Verstehen von etwas, stellt immer ein Ereignis in deinem Körper (Leib und Gehirn) dar (siehe Kapitel 2.1).

Loslassen

Ähnlich wie die Sauerstoff- oder Nahrungsaufnahme, wird etwas verdaut und somit „verstoffwechselt", es kommt in den Ausdruck über die Stimme, Rhythmus und Artikulation. Der Sprecher/Akteur verfolgt ein Ziel, dieses Ziel ist unter anderem daran erkennbar, inwieweit er die Stimme loslassen kann.

14. Übung

14. Übung: Die Spinne

Ich stehe locker auf beiden Füßen, und lasse über das Lippenflattern, stimmhaft, eine Spinne von der Decke herunter. Am Boden angekommen, führe ich sie nun aus dem Raum, zeigend, mit <momomomo ...>. Ich selber bleibe am Ort stehen.

Ich versuche, die krabbelnde Spinne plastisch im Raum erkennen zu lassen. Die Bewegung von <krabbeln> kann ich in meinem Sprechen, mittels der Phonetik, hörbar machen. Wieder bin ich im Raum situativ mit meinem Körper beschäftigt, der Geist denkt, und der Tonus, die Atem- und Stimmführung agieren erzählend. Ich konzentriere mich genau auf den Vorgang. Die Spinne bewegt sich weg vom Körper. Es kommt zur Verlängerung des Körpers über die Stimme.

Dies ist sogar physikalisch messbar, da die Stimme eine akustische Größe ist. Aber es geht in unserer Arbeit nicht um die akustische Phonetik, sondern vielmehr um das, was hier ausgetauscht wird, zwischen meiner Person und den Partnern auf der Bühne, zwischen dem Akteur und seinem Publikum.

Brecht schreibt in seinem Gedicht
„Der Nachschlag"

Meine Sätze spreche ich, bevor
Der Zuschauer sie hört; was er hört, wird
Ein Vergangenes sein. Jedes Wort was die Lippe verläßt
Beschreibt einen Bogen und fällt
Dann ins Ohr des Hörers, ich warte und höre
Wie es aufschlägt, ich weiß
Wir empfinden nicht das nämliche und
Wir empfinden nicht gleichzeitig.[44]

---

[44] Aus Brecht, Bertolt: Die Gedichte von Bertolt Brecht in einem Band, Suhrkamp Verlag Frankfurt am Main 2002, S. 787.

Stimme = Verlängerung des Körpers

Die Stimme, als Verlängerung des Körpers trifft nicht nur auf das Ohr des Hörers, sie trifft auf den gesamten Körper des Partners, die Art der Heftigkeit des Gesagten wird ebenso körperlich empfangen und verarbeitet. Aber nicht nur die Stimme verlängert unseren Körper, ebenso die *Bewegung* und der *Blick*. Beide beeinflussen wesentlich unsere Stimme. Wir stellen uns vor, mit langen Bändern unser Gegenüber in Bewegung zu halten. Deshalb können wir auch mit dem Ziel im Training arbeiten, einen Partner berühren zu wollen.

Bewegung und Blick = Verlängerung des Körpers

Mit einem Partner agieren. Roland Barthes formuliert dies so:

„Die Sprache ist eine Haut:
ich reibe meine Sprache an einer anderen.
So als hätte ich Worte anstelle von Fingern
oder Finger an den Enden meiner Worte."[45]

vom Zentrum zum Zentrum

Im Unterricht, speziell in der Partnerarbeit, sprechen wir davon, *vom Zentrum zum Zentrum* zu arbeiten. Die Formulierung *Zentrum* meint die Körpermitte, wo unter anderem das Zwerchfell für die Atemregulierung mit verantwortlich ist, und den unteren Rücken, den Flankenbereich, welcher den notwendigen Kraftaufwand unterstützt. Viele Übungen zielen auf die Balance im Körper, um die unteren Muskeln im Beckenbereich zu aktivieren. Die Gegend vom *Kreuzbein* ausgehend beschreibt das Zentrum.

15. Übung

15. Übung: Beckenvibrationen

Ich stehe wieder gut ausgerichtet in meinem Gleichgewicht. Beine und Füße befinden sich unter den Beckenschaufeln. Ich verlagere nun das Gewicht auf ein Bein und löse das andere Bein vom Boden, ich finde erneut mein Gleichgewicht. Das Oberschenkelgelenk löst mit zitternden Bewegungen meine Beckenmuskulatur. Es ist nicht damit gemeint, das gelöste Bein herum zu schlenkern, sondern exakt Zugriff auf das Innere des Beckens zu haben. Dies benötigt eine gewisse Grundspannung in meinem Bein, welches mit dem Oberschenkelhals zittert. Nur so habe ich Zugriff auf mein Gelenk. Durch das Zittern entstehen Vibrationen in meinem Becken, welche über meine Stimme vom Körper gelöst werden. Ich schicke meine Vibrationen zu einem Partner hin, um mein Inneres damit vorzustellen.

---

[45] Roland Barthes aus Ritter, Hans Martin: Wort und Wirklichkeit auf der Bühne; Lit Verlag Münster/Hamburg/London, 2003, S. 95.

Ich verliere nicht meine Ausrichtung. Die Empathie an meinem Partner führt zu mehr Präsenz meiner Person, da ich weniger mit dem „Wie mache ich das?“ beschäftigt bin. Ich wechsel die Seite und wiederhole dies zwei- bis dreimal.

Kraft/Gegenkraft

Den zielgerichteten Vorgängen kommen Muster und Strukturen unseres Körpers zugute, welche der Körper im Austausch mit den Dingen der Welt und Partnern gemacht hat.
So sind körperlich auch die Eindrücke mit Kraft abgespeichert, welche sich in körperlichen Reaktionen widerspiegeln. Da gibt es einmal die natürlichen Phänomene, wie beispielsweise Wind und Schwerkraft, zum anderen aber auch kommunikativ geprägte Formen.
Wir wissen, dass Kraft immer gerichtet ist, verglichen mit dem Sprechen ebenso zielgerichtet. So kann es unmittelbar beim Lösen meiner Stimme, meiner Gedanken, entsprechend der Situation, zu unterschiedlichen Gegenkräften bei meinem Partner kommen, welche mich in meinem neuen Handeln mit beeinflussen.

Kraftstimme

Der trainierte Schauspieler sollte mühelos in die Kraftstimme kommen, ohne dass er Bewegungsmechanismen im Kehlkopf durch überspannte Nacken-, Kiefer-, Zungen- Schultermuskulatur beeinträchtigt. So ist ein verlängerter Nacken ebenso Grundvoraussetzung für alle Kraftstimmübungen.
Der Gedanke steuert zum einen die konditionierte Mittelkörperspannung, und zum anderen das einfallende Atemvolumen. Er erlaubt nun mit dem daraus folgenden Anblasedruck eine kräftige Stimmführung.
Kristin Linklater fordert damit verbunden, die Stimme nicht auf die Zunge fallen zu lassen.[46]
Ansonsten kommt es zu Gleichgewichtsstörungen der Kehlkopfmuskulatur, welche immer hörbar sind. Eine Stimme, die im Hals sitzt oder kraftlos ist, wird uns immer die eigentlichen Resonanzräume vorenthalten.

Die Hauptkraft für unser Handeln kommt immer aus dem unteren Rücken.
Hier senkt sich das Zwerchfell am tiefsten und löst sich bei einer Handlung zuerst.

16. Übung

16. Übung: Zugfenster

Ich stelle mir vor, ich schließe ein Fenster in einer historischen Eisenbahn schubartig nach oben. Ich löse Lippen und Kiefer und finde in einen guten Stand. Jetzt greife ich nach dem Griff des Zugfensters und bringe es mit einem entschiedenen /so/ nach oben.

---

[46] Vgl. Linklater, Kristin: Die persönliche Stimme entwickeln. Ernst Reinhard Verlag München/Basel 1997, S. 101.

Es ist nicht gemeint, das /so/ zu schreien. Der Entschluss ergibt sich aus der gesamten Versammlung im Körper. Körperspannung und eingefallener Atem machen dies hörbar. Die Laute in der Silbe lösen sich aus meinem Körper aufgrund meines Zieles.

Loslassen

Das Ziel „Loslassen“ meint hier, in den direkten offensiven Ton zu kommen. Die Bühne braucht eine höhere Genauigkeit im Denken als im Alltag. Dieser Umstand ergibt sich daraus, dass die künstliche Situation der Bühne auf den Eindruck des im Augenblick Gedachten angewiesen ist. Maßgeblich hierfür ist es immer wieder den *Eindruck* vor dem *Ausdruck* zuzulassen.

Verlängerung

Die *Verlängerung des Körpers,* welche die Stimme möglich macht, benötigt die Arbeit vom Zentrum zum Zentrum, die Kraft, um jemanden mit der eigenen Stimme berühren zu können. Aber nicht nur die Stimme verlängert unseren Körper, dem gehen die Bewegung und unser Blick voraus. Beide Faktoren beeinflussen die Stimmführung wesentlich.

Machen wir am Ende dieses Kapitels einen Ausflug in die Sprachgeschichte und wenden uns dem Wort *Person* zu. Das Wort *Person* ist dem lateinischen Wort *persona* entlehnt, welches für *Maske des Schauspielers, den dargestellten Charakter, die Rolle* steht. Der Mensch als *persona* vertritt eine Figur.

personare

Das dazugehörige Verb *personare* wird ins Deutsche mit dem Verb *durchklingen, durchtönen* übersetzt.[47] Mit anderen Worten:

Meine Stimme lässt mich als Mensch durch meine Figur durchklingen,
bis zu meinem Partner hin.

Wir fassen zusammen:

1. Aufnehmen – Eindruck – Auswählen

2. verarbeiten/versammeln

3. Abgeben – Lösen – Ausdruck

[47] Vgl. Stowasser; Lateinisch-Deutsches Schulwörterbuch, Verlag Hölder-Pichler-Tempinsky GmbH & Co. KG 2016.

2.4 Der Kiefer

Nun ist Loslassen das Gegenteil von Festhalten. Was kann ich im Kieferbereich festhalten? Den Unterkiefer und den Oberkiefer.

Wenn gleich das Festhalten des Oberkiefers bei einigen Lesern jetzt Fragen aufwirft, so lade ich dazu ein, die Antwort in den folgenden Zeilen zu finden.

zwischenmenschliche Beziehung

Dem Mundbereich kommt in der persönlichen Entwicklung eine besondere Rolle zu. Er ist der erste Teil des Körpers, mit welchem wir zwischenmenschliche Beziehungen aufbauen, z. B. über das Saugen beim Stillen.
Dieser Fakt lädt uns zu der Überlegung ein: Inwieweit zeigt der Mundbereich, im verbalen und nonverbalen Austausch psychologische Aspekte an?

Hauptfunktionen

Beginnen wir mit den Hauptfunktionen unseres Kiefers:

1. Nahrungsaufnahme und deren Zerkleinerung,
2. Sprechbildung
3. Stressverarbeitung[48]

Dass unser Gesichtsausdruck eng mit unseren Gefühlen verbunden ist, beschreiben die Literatur und die Medizin auf vielfache Art und Weise, poetisch und argumentativ.

zielgerichtet

Die Intention für unseren Gesichtsausdruck ist zielgerichtet. Wir reagieren auf einen Inhalt, oder auf ein Objekt, beispielsweise eine Person, unbewusst oder bewusst.[49] Psychobiologen stellten fest, dass der menschliche Fötus schon vor der Geburt zielgerichtet handelt, unzwar unbewusst.

> „Bereits im Alter von elf Wochen tasten Föten die Plazenta, ihre Nabelschnur und die Gebärmutter ab. Injiziert man bestimmte Geschmacksträger in das Fruchtwasser, so zeigen sie Wohlgefallen, indem sie saugen und lächeln, und Ablehnung, indem sie Grimassen ziehen."[50]

Wir lächeln, wir drohen, oder wir missbilligen etwas bei unserem Gegenüber. Dabei setzen wir unbewusst den Kiefer ein. Unser Kiefer reagiert mittels der Kiefergelenksmuskeln. So kann es hier zu unbewussten Verspannungen kommen, um beispielsweise Emotionen zu unterdrücken.

---

[48] Vgl. Parsché, E. – ARTIKEL – Funktionslehre Biomechanik, Abteilung für Zahnersatzkunde 1, Univ. Klinik für Zahn-, Mund- und Kieferheilkunde Graz, 2006.

[49] Aus Spät, Patrick: Der Mensch lebt nicht vom Hirn allein, Wie der Geist in den Körper kommt - Parodos Verlag, Berlin 2012; S. 19.

[50] Aus Spät, Patrick: Der Mensch lebt nicht vom Hirn allein. Wie der Geist in den Körper kommt. Parodos Verlag, Berlin 2012; S. 145.

Wie viele andere Körperfunktionen ist auch die Funktion des Kiefergelenks an unsere Stimmung, unsere Gemütslage gebunden. Der Volksmund schreibt dem Menschen mittels der Mundregion Verhaltensweisen und Haltungen zu. Der Blick nimmt hierbei wesentlichen Einfluss auf die Kiefergelenksspannung.

Beiß die Zähne zusammen.

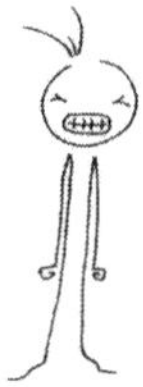

Die eigene Suppe auslöffeln.

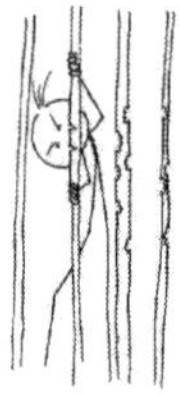

Sich Durchbeißen.

An einem Problem kauen.

Biss haben.

Beginnen wir beim Kiefergelenk.
Das Kiefergelenk ist an der Lautbildung beteiligt.

Wir erinnern uns an Professor Stock, in Kapitel 1.3, der sagte:

> „Noch bevor der erste Muskel zuckt, ist es um das Schicksal der einzelnen Phoneme schon geschehen."

Gewohnheiten

Somit ist auch die Kieferbewegung vor dem hörbaren Laut organisiert. Neben unserer Absicht, welche die Motorik des Kiefers organisiert, können ungünstige Gewohnheiten mit zutage treten. Selten erkennen wir die Bewegungsmuster, welche die natürlichen Bewegungen stören.

Lösungsprozess

Daher ist der Kiefer ein äußerst aussagekräftiges Knochenpaar. Er erzählt, wie offen und leicht wir den Dingen der Welt gegenüberstehen. Er ist die letzte Stufe, mit der Zunge und den Lippen, welcher unseren gedanklichen Lösungsprozess begünstigt oder beeinträchtigt.

Kiefergelenk

Das Kiefergelenk ist in seiner primären Funktion als Kau- und Mahlwerk tätig, gleichzeitig ist es an der Stimmführung und der Artikulation beteiligt. Interessant ist für uns, dass das Kiefergelenk, genauer die Muskeln, beim Kauen wesentlich mehr Kraft benötigen als

beim Sprechen. Betrachten wir das Kiefergelenk genauer: Jedes Gelenk in unserem Körper ermöglicht den beiden angliedernden Knochen sich zu bewegen. Das Kiefergelenk setzt sich aus zwei Knochen zusammen, dem Ober- und Unterkiefer, wobei hier der Oberkiefer mit dem Schädel verwachsen ist, während der Unterkiefer frei schwebt.
Der Körper hat ein Gedächtnis, vor allem die Gelenke. Wir stellen uns unseren Kopf als eine Kugel mit einer hängenden Klappe vor und fragen uns: Wie leicht hängt die Klappe?

Das Kiefergelenk liegt vor dem äußeren Gehörgang.[44] Wenn ich die Finger vor das Ohr lege und dabei gähne, spüre ich die Bewegung des Gelenkkopfes des Unterkiefers.

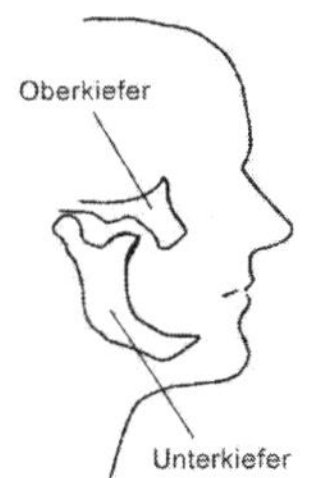

Maxilla

Der Oberkiefer, Maxilla, bildet die obere Grenze der Mundhöhle. Er setzt sich aus dem harten Gaumen, Palatum durum, und dem weichen Gaumen, Palatum molle, zusammen. Kann ich den Oberkiefer loslassen? Ja. Jede Stimmung löst eine Kopfhaltung bei uns aus und lässt somit den Oberkiefer den einzelnen Stimmungsbildern folgen. Wenn wir uns jetzt vorstellen, dass wir ein lang ersehntes Engagement erhalten, prüfen wir dabei die Kopfhaltung. Das leichte Heben des Oberkiefers durch das Kippen des Kopfes nach hinten geht mit einer Entspannung im Nackenbereich einher. Weitere Ausführungen zum Oberkiefer finden sich in Kapitel 2.6, Gaumen.

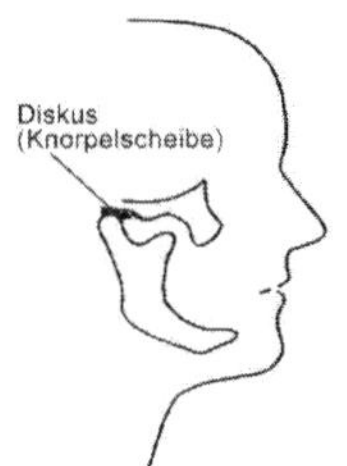

Mandibula

Der Unterkiefer, Mandibula, ist ein hufeisenförmiger Knochen. Er besteht aus 2 Ästen, die mit ihren Gelenkköpfen in den Gelenkpfannen des Oberkiefers, also des Schädels, hängen. Eine kleine Knorpelscheibe (Diskus) transportiert die Gelenkköpfchen wie auf einem bequemen Rutschkissen nach vorn.[51] Der Unterkiefer bildet die Basis der Mundhöhle, in welchem sich die Zungenwurzel befindet.

Beim Sprechen brauche ich eine kleinere Öffnung und viel weniger Kraftaufwand als beim Zubeißen oder Kauen.

Groß und Klein

Die Kiefermuskeln unterteilen sich in die *Großen* und die *Kleinen*. Hierbei öffnen die Kleinen und schließen die Großen. *Die Großen* sind maßgeblich am Kau- und Mahlvorgang beteiligt. Sie ziehen den Unterkiefer hoch.

---

[51] Vgl. Larsen, Dr. med. Christian/Miescher, Bea: Entspannter Kiefer, TRIAS Verlag in MVS Stuttgart GmbH & Co. KG 2010, S. 15

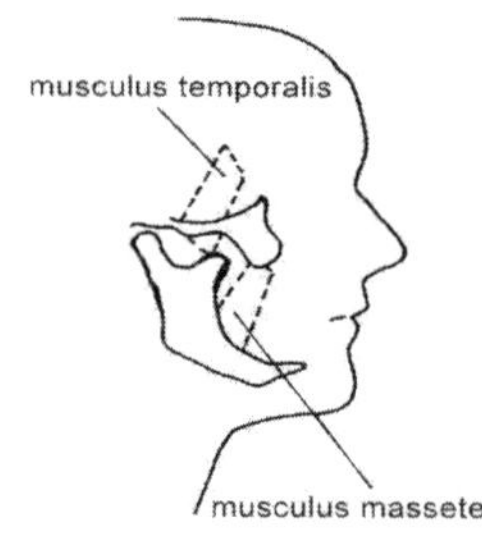

Der erste Schließer, der Schläfenmuskel, Musculus temporalis, ist fächerförmig vom Unterkiefer rauf zum Schädel, Schläfenbereich angebracht.
Der 2. Schließer, Musculus masseter, befindet sich an der hinteren Wangenpartie als viereckiges Muskelpaket und reicht bis an den unteren Rand des Unterkiefers.[52]

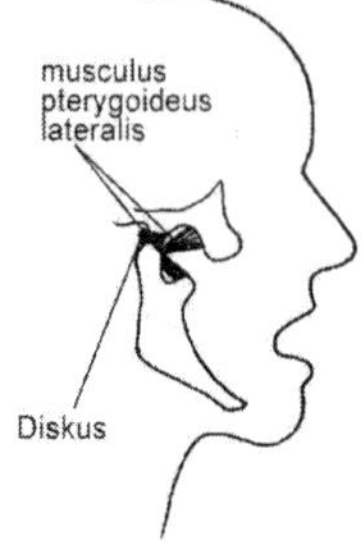

Wir wissen bereits, dass der Kauvorgang mehr Kraft benötigt, als der Lösungsprozess beim Sprechen, was auch logisch ist. *Die kleinen* Muskeln, die den Lösungsprozess ermöglichen, liegen versteckt in der Tiefe des Kiefergelenks und ähneln einem Flügelpaar.[53]

Bewegungen des Kiefergelenks:

Das Öffnen und Schließen des Kiefergelenks geschehen durch eine Gleit- und Drehbewegung. Dazu liegt eine Gelenkscheibe, Diskus, zwischen den Gelenkflächen. Oftmals liegen die Ursachen für eine mangelhafte Flexibilität im Kiefergelenk in der Position des Beckens und in der Augenspannung.[54]

Hauptbewegungen Die Hauptbewegungen des Unterkiefers, UK, sind:

- die Mundöffnung
- das Mundschließen
- das Vorschieben des UK
- das Zurückschieben des UK
- das seitliche Verschieben des UK von der Mitte weg
- das Verschieben zur Mitte hin

Schließer = M. masseter und M. temporalis
Öffner = M. pterygoideus lateralis

Schließen Bei der Kieferschließbewegung wird der Gelenkkopf in der Gelenkscheibe zurückbewegt, innerhalb der Gelenkpfanne. Hierbei wirken

---

[52] Vgl. Larsen, Dr. med. Christian/Miescher, Bea: Entspannter Kiefer, TRIAS Verlag in MVS Stuttgart GmbH & Co. KG.

[53] Aus Larsen, Dr. med. Christian/Miescher, Bea: Entspannter Kiefer, TRIAS Verlag in MVS Stuttgart GmbH & Co. KG 2010, S. 13.

[54] Hofer, Steffy: Kontakt im Raum, Die Bedingungen des Sehens in der Sprecherziehung in Kranich, Wieland: Sprechwissenschaft heute. Schneider Verlag 2020, S. 34.

die Öffner als Bremser. Bei der Kieferöffnung ist eine Drehbewegung nach vorn gegeben.
Hierbei wirken die Schließmuskeln als Bremser.[55] Die Bewegung des Unterkiefers bewirkt eine räumliche Veränderung im Kehl-, Rachen-, und Mundraum. Untersuchungen der letzten Jahre bestätigten, dass ein zu starkes Öffnen des Mundes eine Verkürzung zwischen Unterkiefer und Halswirbelsäule auslöst, was zu einer Verengung des Stimmklangs führt.[56]

Öffnen

Physiologisch passiert ein Auf- und Abwärtsbewegen sichtbar im vorderen Teil, außerdem wird der Kiefer im hinteren Teil geöffnet. Die hintere Öffnung hat Einfluss auf die hinteren Formanten, den sogenannten Resonanzfrequenzen in diesem Bereich, welche wesentlich am Klangbild mit beteiligt sind.

Die mögliche Lösung des Kiefers im Backenzahnbereich wird oftmals vernachlässigt, ist aber für den freien Atem- und Stimmkanal unablässig. Und wir erinnern uns, dass sich gerade die Kieferöffner in diesem Bereich befinden. Das Lösen des Kiefers beginnt immer im hinteren Bereich. Wir stellen uns ein kleines Luftkissen zwischen den oberen und unteren Backenzähnen vor. Dies ist nicht zu verwechseln mit dem Aushängen des Kiefers.

Kiefer lösen

17. Übung: Ausstreichen

17. Übung

Ich streiche von den Schläfen zum Unterkiefer hin meine Wangen aus. Der Nacken ist lang, meine Haltung aufrecht. Ich erfahre die mögliche Lösung des Unterkiefers vom Oberkiefer über die Massage an meinen Schließmuskeln.

18. Übung: Begrüßen

18. Übung

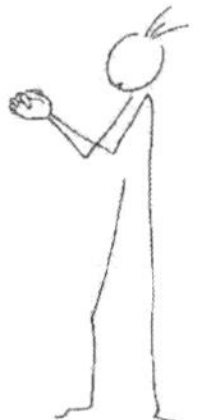

Ich verschränke beide Hände wie zu einem Gruß und schüttele hörbar kräftig mit gelöstem Kiefer meine Hände, hier erfahre ich eine erste Lockerung meines Kiefers. Ich finde wieder den größtmöglichen Abstand zwischen Ohren und Schultern, und halte meine Arme möglichst großzügig angewinkelt vor meinem Brustbein. Wenn ich zu dicht am Brustbein schüttle, löse ich eher Verspannungen aus. Sehr beliebt bei den Studenten ist es auch, sich imaginär an einem Gitter festzuhalten und das Gitter beginnen zu erschüttern.

---

[55] Kares, Helga; Prettenhofer, Walter: aus dem Vortrag. Warum denn so verbissen – Unterkiefer und Stimme, S. 6.

[56] Kares, Helga; Prettenhofer, Walter: aus dem Vortrag – Warum denn so verbissen – Unterkiefer und Stimme, S. 14.

Fallen lassen

Wir sprechen in der Stimmführung und Artikulation von zwei möglichen Bewegungen des Kiefers. Die Erste bezieht sich auf den Unterkiefer, und zwar auf das Fallenlassen.

19. Übung

19. Übung: Kiefergelenk prüfen

Ich lege beide Zeigefinger vor das Ohr und lass den Unterkiefer Richtung Brustbein sinken. Der Unterkiefer bewegt sich nach unten hinten. Ich bewege nur den Unterkiefer nach unten, überdehne ich die Muskeln, entsteht ein Loch zwischen Schädel und Unterkiefer. Dies darf auf gar keinem Fall passieren, denn ich verkleinere jetzt meinen Resonanzraum und vollziehe unnatürliche Bewegungsmuster, was immer hörbar ist. In diesem Fall wird der Atem in der Ausführung seiner Pflichten träge bleiben.[57]

Eine Art Kontrolle ist es, die Zähne einmal aufeinander zu bringen, Backenzähne auf Backenzähne. Für die Zähne ist es natürlich, nie in direkten Kontakt zu treten, selbst beim Kauen verhindert die Nahrung den Kontakt.

Rosenblatt

Um den gelösten Kiefer besser spüren zu können, beiße ich die Zähne fest zusammen, und lasse den Unterkiefer nun wieder fallen. Haben die Zähne im Alltag keinen Abstand, kommt es zu Verkrampfungen der Schließmuskeln. Um sich eine natürliche Lösung des Unterkiefers immer wieder zu vergegenwärtigen, legen wir gerne imaginär ein Rosenblatt auf die Unterlippe und versuchen dies möglichst unberührt zu lassen. Ich übergehe dabei nicht mein Schluckbedürfnis von Speichel, dies taucht 3-4-mal pro Minute auf, hier ist der Mundschluss notwendig.

Hebung

Die zweite Bewegung bezieht sich auf den leicht angehobenen Oberkiefer. Der Knochen als solches kann sich nicht entspannen, aber die Muskulatur in seiner Umgebung. Dies betrifft die Nacken-, Rachen-, Gesichts- und besonders die Lippenmuskulatur, was dem sinnlichen Griff unserer Laute nur zugutekommt.

Wir haben die Lösung des Oberkiefers bereits mit Emotionen wie *überrascht sein* oder *Freude* überprüft.

---

[57] Vgl. Linklater, Kristin: Die persönliche Stimme entwickeln – Ernst Reinhard Verlag München/Basel 1997, S. 88.

20. Übung: Kieferklappen

Ich lege meine Handflächen seitlich auf beide Kieferknochen. Beiße die Zähne einmal zusammen und löse sie. Ich spüre den enormen Kraftaufwand der Muskeln, den es braucht, meinen Unterkiefer zu halten. Ich wiederhole. Ich lege nun meinen Handrücken unter den Unterkiefer und stelle mir vor, es gäbe keinerlei Muskeln mehr an meinem Kiefer. Nun löse ich die Hand von meinem Unterkiefer und lasse den Unterkiefer fallen. Jetzt bringe ich den Unterkiefer mittels meiner Hand wieder zu meinem Oberkiefer, ich wiederhole dies mehrfach. Nun lasse ich die Hand unter meinem Unterkiefer und bewege jetzt den Oberkiefer ca. 1 cm Richtung Rücken, als könnte ich die Halswirbelsäule verlängern. Der Unterkiefer bleibt in dieser Zeit auf meiner Hand liegen, bis der Oberkiefer in der neuen Position ist. Jetzt bringt meine Hand den Unterkiefer zum Oberkiefer. Ich achte darauf, dass die Backenzähne leicht zusammengefunden haben. Der leichte Zahnkontakt dient hier nur der Kontrolle. Ich wiederhole diese Bewegung noch ca. 2-mal. Nun bringe ich meinen Kopf mit den Händen in die Ausgangsposition und wiederhole den gesamten Ablauf noch einmal.[58]

Dieses Kiefertraining kann weiter ausgebaut werden.

Die maximale Kieferöffnung umfasst ca. 3 Finger übereinander oder 4-5 cm, weniger entspricht einer Einschränkung.

21. Übung: Kieferöffnungsweite:

21. Übung

Um den Unterkiefer immer wieder an seine natürliche Lösung zu erinnern, können wir, neben dem imaginären Rosenblatt, bei geschlossenen Lippen, in Bus oder Bahn, oder zuhörend, die Schwebelage der Zähne mit der Zungenspitze tastend und gleitend prüfen.

Interessant ist auch immer wieder, wie sich unsere Wahrnehmung bei gelöstem Kiefer und gelösten Lippen verändert, ebenso verändert sich unsere Atemintensität.

[58] Vgl. Linklater, Kristin: Die persönliche Stimme entwickeln. Ernst Reinhard Verlag München/Basel 1997, S. 93.

2.5 Die Zunge

Die nächste Station des Stimmkanals ist die Zunge. Sie hat keinerlei Funktion für die Stimmbildung. Mit ihrer muskulären Gestalt gehört sie, zusammen mit dem Kiefer, zu dem ersten Teil des Körpers, welcher zwischenmenschliche Beziehungen eingeht.
Unsere Zunge passt sich von Anfang an unbewusst den intentionalen Handlungen des Menschen an. In den ersten Entwicklungsphasen beim Saugen, später bei den Lautgriffen. Der Mundraum ist der erste RAUM, welchen wir bewusst erkunden.[59]

zielgerichtet

Bereits im letzten Kapitel hielten wir fest, dass alle intentionalen Handlungen des Menschen zielgerichtet sind.

Wie lange bleibt die Zungenbewegung intentional?

Die flexible Bereitschaft unserer Zunge ermöglicht uns das Überleben aus zweierlei Hinsicht, einmal über die Nahrungsaufnahme, und andererseits macht sie die verbale soziale Integration möglich.

Gleichzeitig aber ist die Zunge der Teil des Stimmkanals, welcher die Stimmführung mit beeinträchtigen kann. Allein wenn der Kiefer nur im vorderen Bereich weit geöffnet wird, kann es auch zum Zurückziehen der Zunge kommen.[60] Hierbei verkleinern sich die Rachenräume, die Zunge ist unflexibel und lässt Gesagtes indirekt klingen. Die Zunge löst sich wie das Zwerchfell von dem Gedanken. Die Zunge zerteilt, entsprechend deines Willens, den Ausatemstrom, deine Energie. Wenn du dir die Zunge anschaust, so siehst du nur einen kleinen Teil des Körpers, welcher maßgeblich an der Lautbildung beteiligt ist.

Der Zungenkörper ist ein äußerst sensibles Muskelbündel. Der dickere Teil der Zunge, der Hintere, mit eingeschlossen die Zungenwurzel, ist der sensiblere Teil. Er ist in der sozialen Interaktion empfänglich für psychologische Umstände.[61]

Die Muskeln der Zunge sind mit dem Kehlkopf über das Zungenbein (siehe Kapitel Stimme) verbunden. Das heißt, jede zusätzliche Aktion in den Zungenmuskeln überträgt sich auf den Kehlkopf und wird hörbar, die Stimme wird „erdrückt".

---

59 Hofer, Steffi: Kontakt im Raum II. Wie wir durch unseren Blick, unsere Hände und unser sprechen Räume kreieren können. in sprechen Heft 67 Heidelberg 2019, S. 15.

60 Rohmert aus Kares, Helga; Prettenhofer, Walter: aus dem Vortrag „Warum denn so verbissen". Unterkiefer und Stimme, S. 14.

61 Vgl. Linklater, Kristin: Die persönliche Stimme entwickeln. Ernst Reinhard Verlag München/Basel 1997, S. 96.

Bau der Zunge:
Der Zungenkörper besteht aus äußeren und inneren Muskelbündeln. Die äußeren Muskeln bestimmen die Lage der Zunge, während die inneren Muskeln für die Form der Zunge zuständig sind.

Ansatzrohr

Ich werde nur die äußeren Muskeln aufführen, da sie den Raum im Ansatzrohr (Kapitel Artikulation) mit beeinflussen und für die Position der Zunge wesentlich sind. Das Ansatzrohr bezeichnet den Raum zwischen Stimmlippen und Mundlippen. Zum einen gibt es den Genioglossus, seine Muskelfasern ziehen die Zungenwurzel nach vorne und den Zungenkörper nach oben. Die Muskelfaser des Hyoglossus dagegen ziehen den Zungenkörper nach hinten unten. Die Muskelfasern des Styloglossus ziehen den Zungenkörper nach hinten oben.
Die letzten beiden Muskelbündel sind die besonders kompensierenden Muskeln, welche an der Tonbildung beteiligt sein können, wenn die Stimme nicht frei ist. Hier spiegeln sich soziale Einflüsse in den Bewegungsmustern der Zunge wieder. Eine lockere gelöste Zunge, welche nicht an der Tonbildung beteiligt ist, lässt den Atem in seiner Funktion wieder sein.[62]

Es ist die Ausatmung, welche die Persönlichkeit mit ihren Empfindungen oder Haltungen transportiert, zum Ausdruck bringt. Die Zunge kann den Ton begünstigen über eine willensbetonte Zerteilung der Ausatemluft, der Artikulation, ohne dass es zu stimmlicher Anstrengung kommt.

Betrachten wir das erste aufgeführte Muskelbündel, Genioglossus, und gehen davon aus, dass ein Großteil der Laute am harten, mehr sogar, am vorderen harten Gaumen passiert, so kommt es durch dieses Muskelbündel verstärkt zur Unterstützung der Lautbildung. Zungenspitze oder Zungenrücken können einen Verschluss oder eine Enge herstellen, was der Art und Weise der Lautbildung entspricht.

**Herz
Zungenspitze**

Mein geschätzter Kollege aus dem Fach Schauspiel forderte seine Studenten immer wieder dazu auf, nicht mit dem Gesicht zu sprechen, sondern mit dem Herzen. Dieses Bild entspricht auch meinen Ansprüchen im Sprechtraining. Hierzu erfuhr ich von meinem TCM Arzt, dass sich die Herzleitbahn sowohl in der Zungenwurzel als auch der Zungenspitze widerspiegelt.[63]

---

[62] Vgl. Linklater, Kristin: Die persönliche Stimme entwickeln. Ernst Reinhard Verlag München/ Basel 1997.

[63] Vgl. Deadman, Peter/Mazin Al Khafaji/Baker, Kevin: Großes Handbuch der Akupunktur, Verlag für Gesundheitliche Medizin. Dr. Erich Wühr GmbH Kötzing, 2000.

Fragen wir uns: Ist es nicht die Zungenspitze, welche maßgeblich an unserer Direktheit beteiligt ist?

Bevor jedoch die Zungenspitze mit dem Zungenkörper die Direktheit möglich macht, muss sie flexibel genug sein, der Absicht zu folgen.

Das heißt, die leichte und doch konkrete Zerteilung der Ausatemluft, braucht in den meisten Fällen eine Zungenlockerung. Die Zungenlockerung passiert zuerst über ein Dehnen und Entspannen, hier beginnen wir, uns über eventuelle Verspannungen bewusst zu werden.

22. Übung

22. Übung: Zungenlockerung

Ich strecke die Zunge aus meinem Mund, und versuche sie breit und schlank zu formen, vor und zurück zu bewegen, mehrfach in schnellerem Wechsel. Ich löse dabei immer den Zungenkörper von den Zähnen. Der Unterkiefer wird dabei nicht ausgehoben.
Jede Lockerungsübung ist immer der erste Versuch, Gewohnheiten aufzudecken.

23. Übung

23. Übung: Zungenfedern

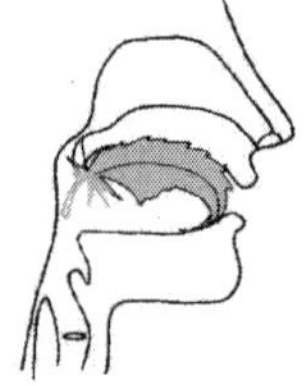

Ich lege meine Zunge flach in den unteren Mundboden hinein, und achte darauf, dass die Zungenspitze vorne an dem unteren Zahndamm liegt. Jetzt federe ich mit dem Zungenrücken nach vorne, als wollte ich der Ausatemluft hinterher winken. Die Zungenspitze verliert dabei nicht ihre Position. Ich achte darauf, dass sich nur der Zungenrücken bewegt, nicht der Kiefer und nicht die Oberlippe am Oberkiefer festmacht. Ist die Zunge dabei breit und hat eine dicke Rille, ist wenig Flexibilität im vorderen Zungenteil. Wenn dies passiert, lasse ich als Erstes mehr den Unterkiefer fallen, löse den *Oberkiefer und achte darauf,* dass die Zunge sich losgelöst von meinen Zähnen bewegen kann. Während dem Federn atme ich durch den Mund, hier weitet sich die Kehle nochmals.

Ich mache nun den Ausatemstrom hörbar, aber ohne Ton. Zwischendurch bringe ich die Zunge raus und rein, wechsle zwischen schlank und breit und versuche, mit der Zungenspitze Kreise in die Luft zu malen. Ich wiederhole.

Das Zungenlockern ist immer wieder auf das Lockern des Kiefers angewiesen. Wir erinnern uns an die beiden starken Kiefermuskeln, welche den Kiefer schließen. Dabei reicht der fächerförmige Muskel bis zu den Schläfen. Das Fallenlassen des Kiefers löst hierbei die notwendige Entspannung für Zunge und Kiefer aus. Wenn die Zunge der Ausatmung nicht mehr im Wege steht, kann der vordere Teil der Zunge in die willensbetonte Lautbildung kommen.

Das Wort „willensbetont" benutze ich bewusst so oft, um auf die Verbindung zwischen der konkreten Aussage und dem Handlungsmotiv hinzuweisen. Wir erinnern uns: Es gibt kein Sprechen ohne Handeln.

Ein weiterer Grund für die Zungenlockerung ist das Zungenpressen an den Backenzähnen. Auch diese unphysiologische Bewegungsform resultiert aus einem festgehaltenen Atem und somit überspannter (hypertoner) Stimmführung sowie zu abweichender Artikulation.
Eine logopädische Untersuchung von 2008 in Wien[64] zeigt, dass klassische Sänger häufiger mit den Zungenrändern an die Backenzähne pressen als Nichtsänger. Meine Erfahrung im Training bestätigt ein zunehmendes Zurückziehen der Zunge und damit verbunden ein Pressen an die Zahnränder. Beides, das Zurückziehen und das Seitenpressen verkleinern den Resonanzraum, lässt den Atem nicht in seine Funktion kommen, unsere Präsenz bleibt beeinträchtigt. So dient jede Zungenlockerung wieder dem Lösen von Gewohnheiten.

24. Übung: Vom Glöckchen zur Glocke

24. Übung

Ich ziehe mit meiner Zungenspitze den Lippenstift auf der Oberlippe mehrfach nach. Dabei werde ich schneller und schneller, bis sich meine Zungenspitze wie ein Glöckchen schlagend an der Oberlippe bewegt. Ich werde schneller und klinge wie ein Glöckchen. Stoppt mein Glöckchen, liegt es nicht an meiner Zunge, sondern meiner Ausatmung, die ich gerade festhalte. (siehe Schlussworte) Nach einigen Wochen meines Glöckchentrainings wechsel ich zur großen Glocke vom Kirchturm in Notre-Dame. Ich achte jetzt darauf mich in alle 4 Richtungen auszubreiten, wie ein mächtiger Glockenkörper im Turm. Die Vorstellung meines Glockenkörpers hilft mir dabei mich nach vorne, hinten und seitlich auszubreiten.
Für die Wahrnehmung des Zungenkörpers genügt es auch, einmal nur mit der Zungenspitze an dem harten Gaumen von hinten nach vorne zu streichen oder die Lippen von innen zu massieren. Gleichzeitig sensibilisieren wir durch das Vorwärtsbewegen der Zungenspitze ein Gefühl für den harten Gaumen.

25. Übung: Prüfung der Zungenflexibilität

25. Übung

Ich versuche schnell und hintereinander /tdtdtdtd..../ zu sprechen und zertrete gleichzeitig rasch mit beiden Fußspitzen auf dem Boden Knallerbsen. Die Arbeit mit den Füßen schafft wieder einen situativen Rahmen und lässt mich, aufgrund der Zielsetzung, leichter in die Sprechbildung kommen, gleichzeitig arbeite ich unbewusst

[64] Neumann, Anna; Diplomarbeit 2005/2008; Studierende an der Akademie für den logopädisch-phoniatrisch-audiologischen Dienst; Vergleich orofacialer Funktionen bei klassischen Sängern und Nichtsängern.

außerhalb meines Körpers, was auch zu mehr Leichtigkeit innerhalb meines Körpers führt. Ich lasse die Schultern dabei locker und konzentriere mich auf das Zertreten. Mein Ziel ist es, alle Knallerbsen zu zertreten.

26. Übung

26. Übung: Italienischkurs

Für die Zungenspitzenflexibilität empfiehlt es sich, Geläufigkeitsreihen mit überwiegend Zungenspitzen- oder vorderen Zungenrandlauten zu trainieren.

Ich stelle mir vor, ich verhandele mit einer Verkäuferin einen angemessenen Preis auf dem italienischen Fischmarkt. Dazu benutze ich folgende Silbenreihen, um an mein Ziel zu gelangen:

<r’itinilidi – r’etenelede – r’atanalada – r’otonolodo – r’utunuludu – r’ütünülüdü – r’ötönölödö – r’ätänälädä – r’eiteineileidei – r’euteuneuleudeu – r’autaunaulaudau>

Ich benutze dabei das Zäpfchen /r/, siehe Phonetikteil, und akzentuiere zu Beginn auf der ersten Silbe. Die Akzente können ebenso variiert werden.

27. Übung

27. Übung: Russischkurs

Und jetzt verhandeln wir auf einem russischen Fischmarkt um einen angemessenen Preis mit der Verkäuferin.

<schiekiewitzw’ie – schekewetzw’e – schakawatzw’a – schokowotzw’o – schukuwutzw’u – schüküwützw’ü – schököwötzw’ö – schäkäwätzw’ä – scheikeiweitzw’ei – scheukeuweutzw’eu – schaukauwautzw’au>

Die Akzente können ebenso variiert werden.

2 Konzerte zum Abschluss:

28. Übung

28. Übung: vocal percussion – angelehnt an Richard Filz

Ich lockere die Zunge zuerst mit <t t t t / k k k k / t t t t / k k k k / t t t t / k k k k ...>
<dugita – dugita – dugita – dugita > und werde dabei immer schneller oder
<digita – digita – digita – digita – digita>

Ich spreche <dung> für die Bass Drum
<ts> für die Hi Hat
<ka> für die Snare Drum
und lasse den Atem kommen bei: II

Die Hi Hat spiele ich über den Vorderfuß, für die Bass Drum und Snare Drum verwende ich meine imaginären Sticks zum spielen.

Ich beginne mit folgenden Rhytmen:
/ dung ts ka ts II dung ts ka ts II dung ts ka ts II .../
/ dung dung ts ka ka II dung dung ts ka ka II .../[65]

Weiter geht es mit eigenen Improvisationen.

29. Übung

29. Übung: Jazz-Konzert

Mein Ziel ist es jetzt, in einem Jazz-Keller das Publikum in meinen Rhythmus mit einzubinden, mein Konzert ist gut besucht, ich fülle den Raum, bediene mich dabei nicht dem Mittel Lautstärke. Die Akzente folgen meiner Improvisation.

Sprich:
1. dibid'ipp - dibid'ipp - dibid'pd'ipd'ip :II
2. d'ebe - d'ebe - debedebedebedebed'epd'epd'ep – debed'epd'epd'ep – debedebedebedebedebedebedebedebed'epd'epd'ep - :II
3. dabad'apd'apd'ap - dabad'apd'apd'ap - dababdabadabadabada-bad'apd'apd'ap :II
4. dobod'opd'opd'op - dobod'opd'opd'op - dobodobodobodobodobod'opd'opd'op :II
5. dubudubudubudubudubudubudubudubudud'upd'upd'up dubud'upd'upd'up - dubud'upd'upd'up - dubudupdupdu-podupdupdupdupdup :II

Es ist völlig egal, wieviel Silben wir letzlich wiederholen, das Zählen ist nicht entscheidend. Viel wichtiger sind die Lust, einen Rhythmus herzustellen, die Konkretheit und der Fluss des Erzählens.
Die Rhythmen können mit allen Vokalen gefüllt werden, so auch mit den Umlauten und Diphtongen.

2.6 Der Gaumen

Vor ca. 4 Jahren suchte ich bei einer Regiestudentin verzweifelt den freien Stimmklang sowie die vordere Artikulation. Die Studentin war hochmotiviert, ließ sich auf alle Übungen und situative Vorstellungen ein. Jedoch blieb die Stimme weiter im Hals erdrückt, das Sprechen klang angestrengt. Was sollte nun noch möglich sein, im oberen Bereich, Schulter und Kopf loszulassen und im Mittelkörper die Grundspannung zuzulassen, um die Studentin in ihre physiologische Sprechstimme zu bringen? Und so stand ich wieder einmal vor ihr und suchte sämtliche Handlungsmotive und Bilder in meinem Kopf zusammen, die zeigen,

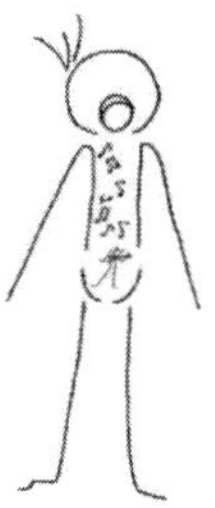

[65] Filz, Richard: Groove Karaoke, Gesungene Rhythmen als Songbegleitung, www.universaledition.com.

wie sich ihre persönliche Stimme ausbreitet und gleichzeitig in das Verhandeln kommen kann.

Plötzlich waren meine Gedanken in einem Orchestergraben.Wir verabredeten, sie solle sich vorstellen, dass in ihrem Becken ein großes Orchester sitzt und spielt, ihr gesamter Körper sei die Konzerthalle, ihr harter Gaumen und die Schädeldecke sind das Dach der Konzerthalle. Ich bat sie, sich vorzustellen, dass zwischen dem Orchester und dem Dach der Konzerthalle nichts sei. Sie schien auch dieses Bild gut zu verstehen, nur sagte sie diesmal „ach so“ – die Stimme kam. Ich war erleichtert, dass diese Vorstellung bei ihr eine Veränderung auslöste. An diesem Tag akzeptierte ich erneut, die unterschiedliche Vorstellungskraft des Einzelnen.

Vorstellung/ Lösen

Wie das „Dach der Konzerthalle“ der Studentin sinnbildlich zur freieren Stimmführung verhalf, beschreibt die Fähigkeit, sich gedanklich von sämtlichen Muskeln im Ansatzrohr lösen zu können. Damit verbunden wird der Gaumen als eine Art Klangverstärker bewusst gemacht.

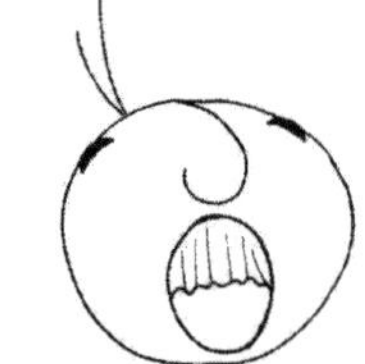

Der Gaumen besteht sowohl aus einem harten und einem weichen Teil. Der vordere harte knochige Teil, Palatum durum, unterteilt sich in die vordere Wölbung, den sogenannten Alveolen und der mittleren Wölbung, welche wir mit einer Kuppel vergleichen können. Der hintere fleischige Teil unterteilt sich in den weichen Gaumen (Palatum molle) und dem Zäpfchen (Uvula). Wie bereits im Kapitel 2.4 beschrieben, ist der Schädel mit dem Kiefer und somit dem harten Gaumen verwachsen. Die muskuläre Verbindung von der Halswirbelsäule zum unteren Schädelrand, Hinterhauptbein, ermöglicht die Bewegung. Dabei werden die Muskelbündel musculi capitis als sehr sensible Muskelbündel eingeschätzt. Das hängt unter anderem damit zusammen, dass dieser Bereich bei einer natürlichen Geburt als erster Muskelbereich Berührung oder Druck am Schambein der Mutter empfängt.

Die Funktion des weichen Gaumens besteht darin, die Mundhöhle vom Nasenraum abzuschließen, sodass beim Sprechen und Singen der Luftstrom aus der Mundhöhle entweicht, mit Ausnahme der 3 nasalen Konsonanten /n/, /m/, /ng/.

Der weiche Gaumen, als Verlängerung des harten Gaumens kann jedoch ebenso die Stimmführung beeinträchtigen, indem er schlaff herunterhängt, wie ein dickes Stück Stoff, welches den Luftstrom aus der Mundhöhle heraus behindert. Das Gaumensegel kann seiner Funktion nicht nachkommen, es ist ›unterspannt‹.

Nasalität

Es braucht die Mittelkörperspannung in der Gesamtkörperspannung, um das Gaumensegel zu heben. Immer häufiger begegnet mir im Unterricht das nasale Sprechen. Die organischen Ursachen hierfür sind beispielsweise Erkältungen oder eine abweichende Gaumensegelform. Funktionell ist mir jedoch bis jetzt nur eine mangelnde Mittelkörperspannung, welche mit einer unökonomischen Körperhaltung einhergeht, bei den zu Trainierenden aufgefallen. Das Ergebnis ist eine kraftlose Stimme sowie unkonkretes indirektes Sprechen.

Es braucht das konkrete Beziehen auf einen Inhalt oder ein Objekt (siehe Kapitel 1.2) damit unsere gesamte Stimme klingen kann. Es ist die Wachheit im Moment, um in der Situation zu sein. Wie bereits in den letzten Kapiteln erwähnt, stört jedes Bemühen physiologische Abläufe.

Diese Bewusstheit und das Training unserer *Gestimmtheit* zielt darauf ab, die unwillkürlichen Fähigkeiten wieder möglich werden zu lassen.

Stärkung des Gaumensegels:

30. Übung

30. Übung: Gähnen und Artikulieren

Ich gähne nochmals genüsslich und strecke mich dabei. Zusätzlich erfahre ich, dass sich beim Gähnen der weiche Gaumen strafft und hebt. Meine Mundhöhle weitet sich. Ich prüfe nun meine Haltung, meinen aufrechten Stand, Beckenstellung, Knie und spreche mit einem imaginären Partner und einem imaginären Ziel.

Kakerlaken kicken kess im Kaffeesack.

Ich krieg dich.
Ich krieg dich du kriechender Krieger.
Ich krieg dich du kriechender griechischer Krieger.
Ich krieg dich wirklich du kriechender griechischer Krieger. (überliefert)

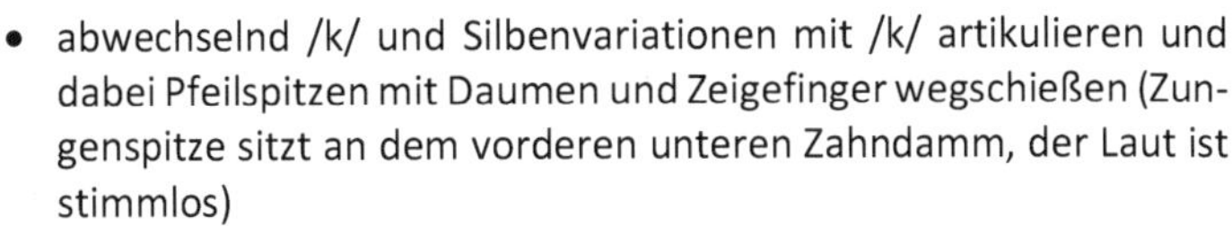

- abwechselnd /k/ und Silbenvariationen mit /k/ artikulieren und dabei Pfeilspitzen mit Daumen und Zeigefinger wegschießen (Zungenspitze sitzt an dem vorderen unteren Zahndamm, der Laut ist stimmlos)
- die Lösung zwischen Zungenrücken und Gaumen mit dem Abwerfen der Pfeile verbinden

31. Übung

31. Übung: Training des Gaumensegels

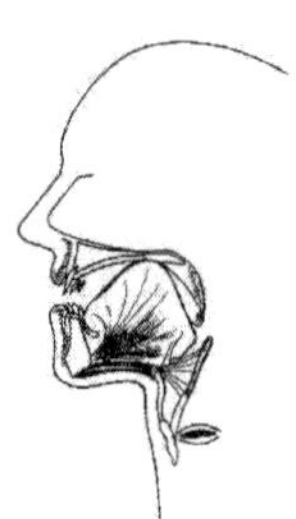

Um mein gespanntes Gaumensegel, somit den Verschluss, zu kontrollieren, halte ich mir mit dem linken Zeigefinger und Daumen die Nase zu, dabei bringe ich die Hand weg vom Mund und spreche: *Kakao; Kaffe; Kokos; Coca Cola; Kaktus, Krokodil ...*
Mit der rechten Hand greife ich imaginär nach diesen Dingen: (günstig sind Worte mit /k/, notwendig sind Worte ohne Nasale) Artikulation und Stimme sollten sich hierbei nur in der Mundhöhle lösen und nicht im Gaumensegel festhängen. Für die kommende Steigerung die Nase nicht mehr verschließen.

Steigerung: Ich fordere eine gegenüberstehende Person auf, folgendes zu tun:
Komm! – [kɔm]
hierbei das [k] zur Vermittlung des eigenen Willens benutzen.

Die Kompensation der Mundmuskulatur ist eine Schutzfunktion.[66]

Gedanken in die Flanken

Betrachten wir unseren Körper noch einmal aus physikalischer Sicht. In unserem Körper breiten sich Schwingungen aus, welche über den harten Gaumen verstärkt werden. Gleichzeitig führen sie im Lösungsprozess, mittels der Stimme und Artikulation zur Verlängerung des Körpers. Diesem natürlichen Weg der Schwingungen können Muskelgruppen auch entgegenwirken, in diesem Fall die Mundmuskulatur.
Die Schwingungen können sich nicht ausbreiten, sie bleiben klein. Wir erinnern uns an den Fakt, dass das Sprechen in seiner natürlichen Funktion ein Lösungsprozess ist.

Notizen

Raum für Notizen

[66] Vgl. Aderhold, Egon: Sprecherziehung des Schauspielers, Henschel Verlag Berlin 1984, S. 186

3. Phonetik

3.1 Artikulation

Das Wort *artikulieren* ist entlehnt aus dem lateinischen Wort *articulare*, welches mit dem Vorgangswort *gliedern* übersetzt wird. *Articulare* ist wiederum abgeleitet aus dem lateinischen Wort *articulus*, welches *Teil, Glied* oder *Abschnitt* bedeutet.[67]

Das heißt, wenn wir artikulieren bilden wir Abschnitte oder einzelne Teile? Ja, wir verstärken Frequenzen in den entsprechenden Abschnitten unserer Mundhöhle, welche unsere Zunge durch Hebung oder Senkung einstellt. Schon die alten Griechen beschrieben das Artikulieren als ein Zerteilen der Ausatemluft. So erinnern wir uns an die Aussagen der letzten Seiten, das für eine freie Atem- und Stimmführung keinerlei Kiefer- und Zungenbeteiligung notwendig ist. Dies bedeutet, dass eine Artikulation ohne Stimmführung möglich sein sollte, und dies ist tatsächlich so. Mit dem sogenannten Flüstern können wir schon artikulieren. Das Flüstern ist ein gutes Training für die Zungenlockerung und Atemführung. Wir beachten dabei unbedingt, völlig tonlos zu flüstern, sonst ist es belastend für den Rachenraum und die Kehlkopfmuskulatur.

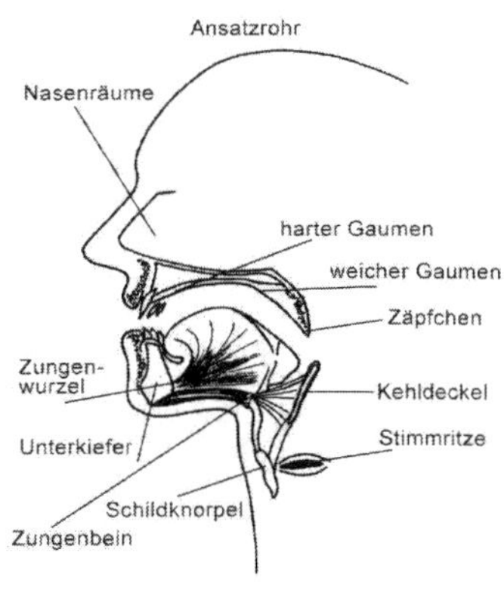

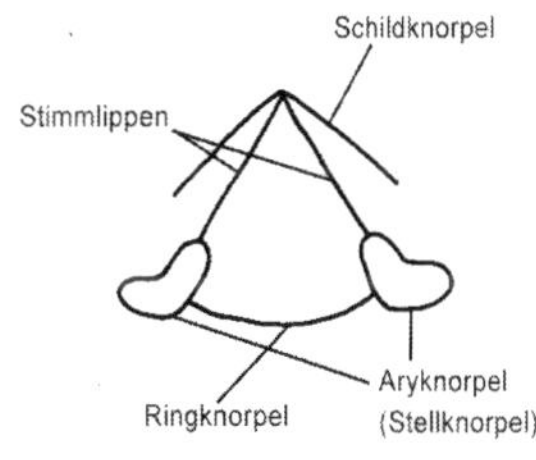

Flüsterstellung

Dies ist auch der Grund, warum das Flüstern heute noch immer als schädigend eingestuft wird, nur hat ein tonloses Flüstern die gleiche Stimmlippenstellung wie beim Schlafen oder Schweigen, es ist also unbedenklich.

Wenn wir vom Artikulieren sprechen, erinnern wir uns daran, dass dies nur die sekundäre Funktion der Mundwerkzeuge ist. Die primäre Funktion ist das Atmen, Essen und Trinken, unbedingt aber auch das Küssen.

Sinnlichkeit

Alle primären Funktionen sind sinnliche Funktionen, die das Sprechen muskulär sehr gut vorbereiten, denn auch das Sprechen ist eine sinnliche Erfahrung, eine sinnliche Äußerung.

---

67 Vgl. Kluge: Etymologisches Wörterbuch der deutschen Sprache, Walter de Gruyter GmbH & Co. KG, Berlin/ Boston 2011.

Ich habe es noch nie erlebt, dass ein gesunder Mensch seinen Vorgang beim Essen oder Trinken mit dem Schultergürtel, der Halsmuskulatur oder der Gesichtsmuskulatur unterstützen muss.

32. Übung

32. Übung: Lippenlockerung

Ich spreche hintereinander weg, und nicht zu langsam: /didodidodido .../
Dabei stelle ich mir imaginär die Frage „Wieso?", welche ich an meinen Partner richte. Wie leicht können jetzt meine Lippen und Zungenspitze der imaginären Frage folgen. Ich achte darauf, nicht bei dem /i/ in den Lippenbreitzug zu gehen.

Kein Breitzug

Kein Laut benötigt einen Breitzug. Ich unterbreche mit leichtem Lippenflattern und erinnere mich wieder daran, dass auch das Lippenflattern nur die Zerteilung der Ausatemluft bedeutet. Ich blase stimmlos durch die Lippen aus und wiederhole. /didodidodido .../

Die Art und Weise, wie wir ein gutes Essen genießen oder verkosten, die Lippen unseres Partners ertasten und berühren, ist von unserem Lustgefühl und unserem Willen abhängig.

In Kapitel 1.3 erfuhren wir bereits, anhand der Aussage von John L. Austin, dass das „Sprechen ein Tun ist".
Genauso erfuhren wir, dass das Sprechen immer einer Situation innewohnt. Unseren Willen hören wir in jeder Äußerung, sei sie privat oder auf der Bühne. Das Greifen nach dem Standpunkt, das Verteidigen meines Zieles wird durch die Zerteilung im vorderen Mundraum akustisch wahrnehmbar, die muskuläre Leichtigkeit kommt unter anderem daher, dass ich genau weiß, was ich sagen will, was ich von meinem Gegenüber will. Mit muskulärer Leichtigkeit ist hier weder Unterspannen noch Nuscheln gemeint, denn Nuscheln kommt bei einem gesunden Menschen vom Verspannen. Mit muskulärer Leichtigkeit ist hier die Selbstverständlichkeit gemeint, konkret und direkt zu sein. Mein Körper steht mir zur Verfügung.

Wer bereits im hinteren Kieferbereich zugreift oder zerteilen muss, kompensiert ungenaues Denken mit unnötiger Kraft im Stimmkanal.

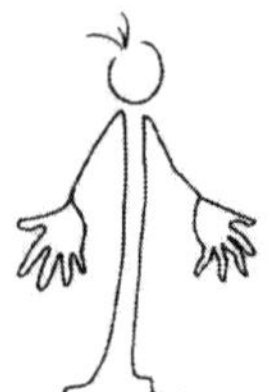

Betrachten wir unsere Hände und Finger, und fragen uns: Wann bin ich sehr geschickt oder automatisiert, feinmotorisch zu Höchstleistungen fähig, und wann fallen mir plötzlich die Dinge aus der Hand? Es hat immer etwas mit meinem Ziel und meiner Konzentration zu tun.

Dies ist unter anderem der Grund, warum wir gerne mit /didodidodido.../ lockern, da hier die Zungenspitze am Zahndamm wechselnd in den Verschluss und die Lösung geht. Dies kann die Zungenspitze aber nur, wenn mir mein Ausatemstrom zur Verfügung steht

und fließen kann. Und jetzt schließt sich der Kreis wieder, der Ausatemstrom, mein Atemvolumen, steht zur Verfügung, wenn ich mich auf mein Ziel konzentriere.
Oft sind die Studenten mit ihren Fertigkeiten im Mundbereich beschäftigt, dies stellt für unser Gehirn aber keinen natürlichen Grund zum Sprechen dar, somit verkrampft er oftmals in solchen Situationen.

Wie gehe ich nun mit dem Lautmaterial unserer gesprochenen Sprache um?

Der Laut ist die kleinste Einheit der gesprochenen Sprache, gleichzeitig die Einheit, welche Unterschiede in der Bedeutung der Wörter kenntlich macht.

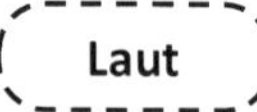

Bsp.: Raum - [ʀaɔ̯m]; Saum - [zaɔ̯m]; kaum - [kaɔ̯m]

Der Laut als akustische Größe kann in seiner Lautstärke und Tonhöhe sowie in seinen Bildungseigenschaften beschrieben werden. Die Lautspannung ist wesentlich mit unserem Willen verknüpft.

Den Laut als kleinste bedeutungsunterscheidende Einheit zu erwähnen, soll dazu einladen, auf die Laute und ihren Erzählwert zu hören.

Die Laute sind nicht nur notwendig, um dem Inhalt des Wortes nachzukommen, sie zeigen in ihrer Verwendung auch meine Betrachtung der Dinge mittels dem Wort. Der Zugriff auf die einzelnen Laute mittels des Wortes ist ein Vorstellen meines Denkens.
Der Lyriker Reiner Kunze verteidigte diese kleinste Einheit innerhalb eines Wortes einmal so:

> „Das Wort besitzt eine Aura, die aus seinem Schriftbild, seinem Klang und den Assoziationen besteht, die es in uns hervorruft, und je wichtiger und gebräuchlicher ein Wort ist, desto intensiver und prägender ist seine Aura. Wer sie zerstört, zerstört etwas in uns, er tastet den Fundus unseres Unterbewußten an." [68]

Reiner Kunze wendet sich mit diesen Worten in einer Denkschrift an die Rechtschreibreform. Eine Verknüpfung zum gesprochenen Wort drängt sich hierbei unmittelbar auf.

Ich erfahre immer wieder, dass gerade zweisilbige Wörter um ihren entscheidenden Innenkonsonanten gebracht werden. Es wird gebunden, verschliffen und das Wort unwissentlich verändert.

---

[68] Kunze, Reiner: Die Aura der Wörter. Denkschrift zur Rechtschreibreform; Radius Verlag GmbH Stuttgart 2004, S. 30

So zum Beispiel wird aus /wollen/ = [vɔln̩] statt [v'ɔlən] /l/
/hören/ = [hø:ʀn̩] statt [h'ø:ʀən] /r/
/Augen/ = [aɔ̯ŋ] statt [aɔ̯gn̩] /g/

Ich möchte an dieser Stelle nicht auf die Regeln der Endsilbenrealisation eingehen, sondern vielmehr auf die Notwendigkeit, zwei Silben nicht zu einer zu verkürzen. Das Ergebnis ist ein anderes und mildert unsere Dringlichkeit im Sprechen. Wer in einer Tanzchoreographie aus zwei Schritten einen macht, verlässt die notwendige Form und ist unkonkret mit dem, was die Form meint.
Oft entsteht bei Studenten und Dramatiklehrern eine Art Frustration über die zu starke Realisierung der Endsilben, was immer unnatürlich und überartikuliert klingen muss. Das aber eben ist hier nicht gemeint, und auch nicht das Ziel, sondern schlichtweg ein Missverständnis bei den Studierenden. Die Realisierung aller Konsonanten im Wort meint nicht, in einem zweisilbigen Wort zwei Wortakzente zu sprechen, sondern ein präzises Benutzen der letzten beiden Konsonanten. Die Reduktion der Konsonanten lässt die Sprache implodieren, der Lösungsprozess kann nicht stattfinden. Gerade das Abspannen über die letzten Konsonanten lässt mich meinen Gedanken abgeben und nach dem Hörer, innerszenisch, und nach dem Publikum greifen. Und hier kann Sprache im wahrsten Sinne des Wortes ergreifen.
Es bleibt eine Tatsache, dass die Sprache eine Tätigkeit ist, und zwar eine sehr persönliche.

> „Sie ist nämlich die sich ewig wiederholende Arbeit des Geistes, den artikulierenden Laut zum Ausdruck des Gedankens fähig zu machen.“[69]

Lösen

Es lohnt sich, uns immer wieder zu vergegenwärtigen, dass wir uns bereits während wir denken „in der Sprache“ aufhalten. Wir orientieren uns mit ihr, handeln mittels ihrer Worte, lösen uns mit dem Sprechen von der Sprache.

Phonetik

Bevor wir uns die beiden Lautvorkommen der deutschen Sprache näher anschauen, sei der Begriff Phonetik geklärt. Phonetik ist die Lautlehre, welche die Lauteigenschaften physiologisch (artikulatorisch/auditiv) und physikalisch (akustisch) beschreibt.

[69] Wilhelm von Humboldt aus Heidegger, Martin: Unterwegs zur Sprache, Klett-Cotta, 14. Auflage 2007, S. 247

Uns interessiert hier die physiologische Phonetik. Das Sprechen hören wir als ein gesamtes Rhythmusgebilde mit all seinen Tonhöhen, Lautstärken und Pausen. Das Rhythmusgebilde besteht neben den oben genannten sprecherischen Mitteln aus Verbindungen von Vokalen und Konsonanten.

Wechselnde Rhythmen finden wir aber nicht nur im Sprechen oder der Musik. Unser ganzes Leben erfahren wir in Rhythmuseinheiten. Es wechselt von laut zu leise, von langsam zu schnell und so zählt jede einzelne Rhythmuseinheit zu unserem Leben. Das Erste, was wir uns beispieslweise als Kind von den zu uns Sprechenden merken, sind Rhythmuseinheiten, Takte, wir identifizieren Inhalte zunächst über diese Einheiten. Vielleicht, weil ein Takt bereits eine Form des Berührens ist. Diese Wahrnehmung geschieht unbewusst. Genauso unbewusst stellen wir im Verlauf unseres Lebens täglich neue Rhythmuseinheiten her oder lassen uns von Rhythmuseinheiten, die uns umgeben, prägen und führen. Stellen wir uns das Leben als ein einziges Musikstück vor.

Vokalviereck und Lautvorkommen

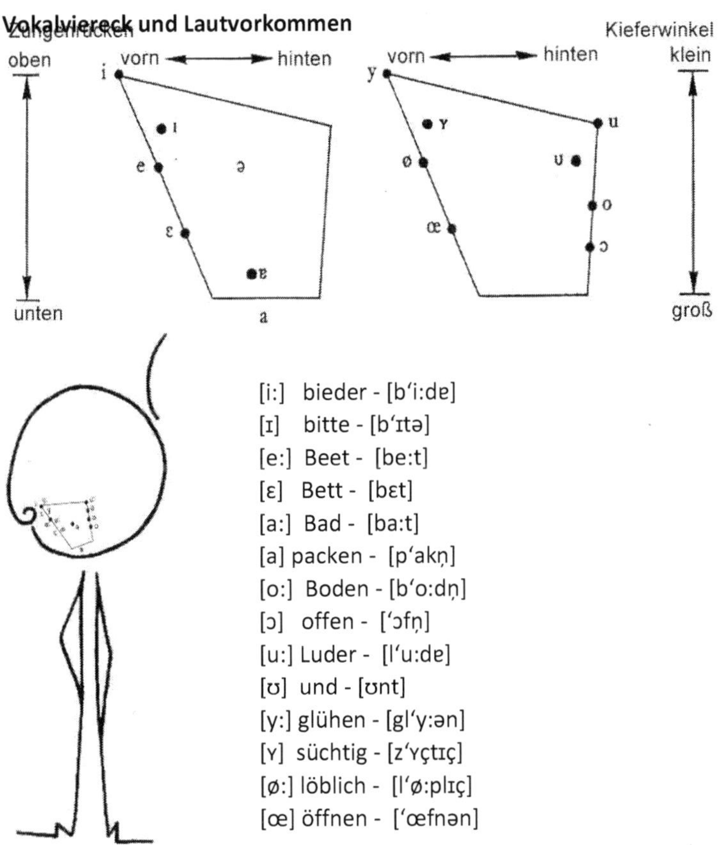

[i:] bieder - [b'i:dɐ]
[ɪ] bitte - [b'ɪtə]
[e:] Beet - [be:t]
[ɛ] Bett - [bɛt]
[a:] Bad - [ba:t]
[a] packen - [p'akn̩]
[o:] Boden - [b'o:dn̩]
[ɔ] offen - ['ɔfn̩]
[u:] Luder - [l'u:dɐ]
[ʊ] und - [ʊnt]
[y:] glühen - [gl'y:ən]
[ʏ] süchtig - [z'ʏçtɪç]
[ø:] löblich - [l'ø:plɪç]
[œ] öffnen - ['œfnən]

[ə] Bühne - [by:nə]

3.2 Vokale – Theorie

Vokale sind Mundöffnungslaute, sie werden aber nicht losgelöst von unserem Instrument, dem Körper gebildet.

Unter einigen Kollegen werden die Vokale auch „Träger der Emotionen" genannt, wahrscheinlich, weil sie reine Stimmlaute sind. Im Vokal kann der ganze Mensch „klingen", und zwar in seinem „Jetzt-Zustand".

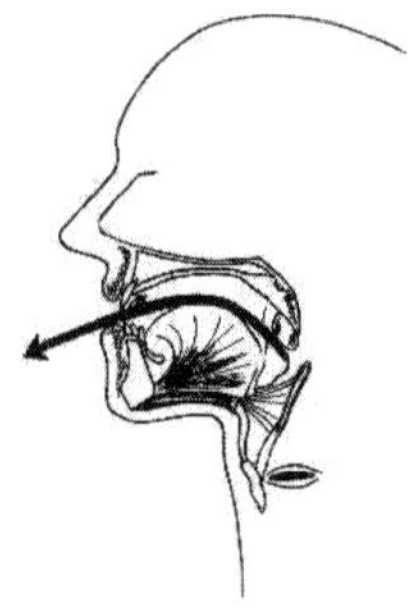

Die Bezeichnung der Vokale als Mundöffnungslaute verweist darauf, dass die Energie, sprich der Ausatemstrom, innerhalb meines Ansatzrohres (Rachen- Mund- und Nasenhöhle) kein Hindernis überwinden muss. Der Klang der Vokale ist immer stimmhaft, deswegen werden sie auch oft Klinger oder Resonanzlaute genannt. Der Klang entsteht durch die Resonanzräume oberhalb der Stimmlippen innerhalb der Resonanzräume deines Ansatzrohres. Die Veränderung der Klangräume geschieht durch die unterschiedliche Stellung des Kehlkopfes, der Zungenstellung, der Zungenrückenhebung und der Lippenformung.

Der optimale Ausgangszustand für unsere Stimm- und somit Vokalpräsenz ergibt sich unter anderem mittels eines lockeren Ober- und Unterkiefers (kein Oberkiefer ist unbeweglich, siehe Kapitel *Gaumen*).

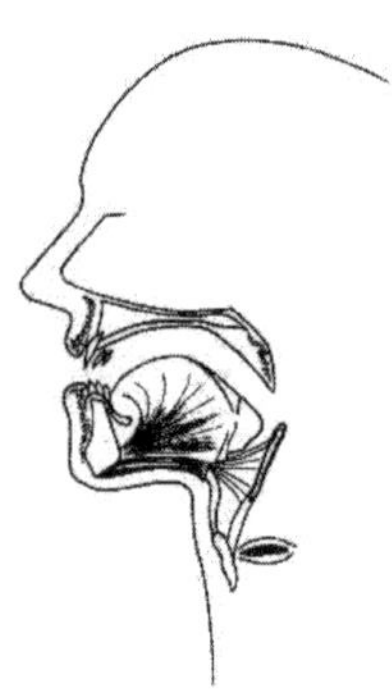

Wie bereits in den vorherigen Kapiteln erwähnt, ergibt sich deine körperliche Haltung aus deiner kommunikativen Haltung.

Somit zeigt die Kieferöffnungsweite, deine „Öffnung" aus kommunikativer Sicht, deine Offenheit in einer Situation. Inwieweit stehst du dem gemeinsamen Handeln zur Verfügung, inwieweit eröffnest du uns deine Gedanken, Absichten und Ziele.

Entscheidend für die Vokalbildung ist, die Zungenspitze immer am vorderen unteren Zahndamm zu haben, dies ermöglicht einen weiten Rachenraum und vermeidet ein muskulär aufwendiges Zurückziehen der Zunge, welches eine Klangverengung zur Folge hat.

Ebenso entspricht der vordere Zungenkontakt den Gesichtspunkten der Stimmhygiene. Und wenn wir uns an die primäre Aufgabe der Mundwerkzeuge erinnern, so kommen wir auf den Schluckvorgang beim Essen, Trinken und Speichelschlucken. Hier beginnt die Zunge sich ebenfalls mit der Spitze an den vorderen Gaumen anzusaugen.
Die Vokale unterscheiden sich durch folgende Merkmale:

- Grad der Zungenhebung
- Richtung der Zungenhebung
- Position der Zungenhebung
- Kieferöffnungsweite
- Labialität (Lippenbeteiligung)
- Quantität
- Qualität

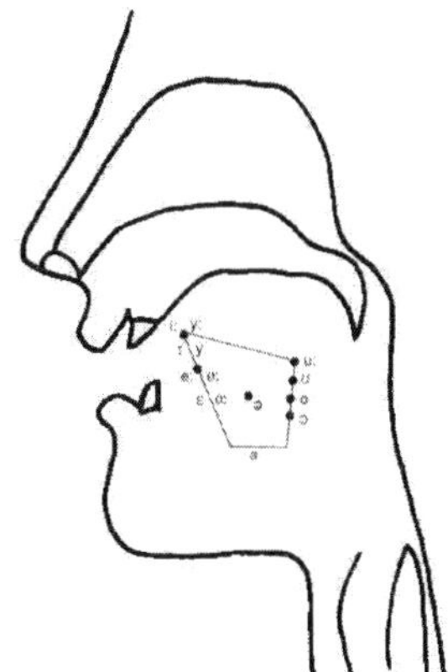

Neben den Vokalen gibt es in der deutschen Sprache noch die Vokalverbindungen, die sogenannten Diphthonge. Die Diphtonge sind immer einsilbige Verbindungen zwischen zwei ungespannten kurzen Vokalen.

[aɛ̯] Weisheit - [v'aɛ̯shaɛ̯t]
[ɔœ̯] freundlich - [fʀ'ɔœ̯ntlɪç]
[aɔ̯] aufmerksam - ['aɔ̯fmɛ^{ʁ}kz̥a:m]

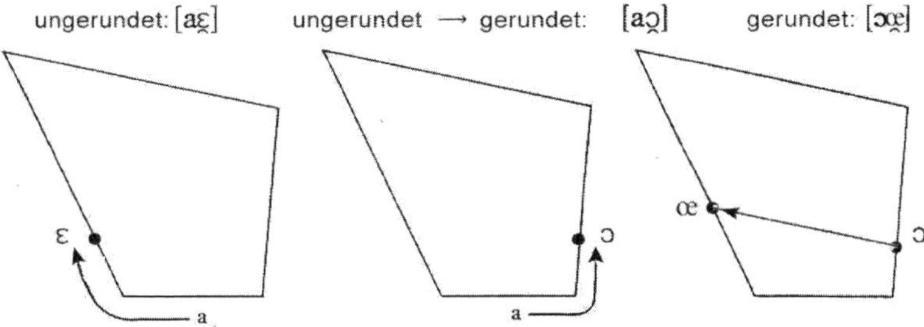

Abbildung angelehnt an DAW, Krech, Eva-Maria/Stock, Eberhard/Hirschfeld, Ursula/Anders, Lutz Christian: Deutsches Aussprachewörterbuch, Walter de Gruyter GmbH & Co. KG, Berlin/New York

Transkriptionszeichen für Vokale und Konsonanten

Phonemklammer	[ ]
Graphemklammer	< >
Vokallänge	:
Silbigkeit	n̩; g̍
Entstimmlichung	ġ ş̥
verschliffene Silbengrenze	‿ ⁀
Aspiration	ʰ
Akzent	ʻ
Vokaleinsatz	ˀ
Unsilbigkeit	◌̯

3.2.1 Ausspracheregeln bei Vokalen

3.2.1.1 Vokaleinsatz (VE)

Der Vokaleinsatz ergibt sich aus dem Glottisschlag. Darunter verstehen wir den Vollverschluss der Stimmlippen. Die Stimmlippen werden durch den Stau des Luftstromes unterhalb der Stimmlippen auseinandergetrieben und in Schwingungen versetzt. Wir unterscheiden zwischen einem weichen und festen Einsatz, welcher sich aus der Art und Weise des Verschlusses ergibt. Ein zu fester Einsatz kann pathologisch sein.[70]

Der Glottisschlag wird vor silbenanlautenden Vokalen realisiert. Der Vokal besitzt grenzsignalisierende Funktion und erleichtert damit die Worterkennung.

---

[70] Seidner, Wolfram; Wendler, Jürgen; Kittel, Gerhard; Eysholdt, Ulrich: Lehrbuch der Phoniatrie und Pädaudiologie; Georg Thieme Verlag Stuttgart/New York 1996, S. 99

(Beispiele: Sprech – erzieher, ver – eisen, er – innern)

Realisierung vom VE

- im Wortanlaut
  z. B. Aufführung - [ˈʔaɔ̯ffy:ʀʊŋ], Oper - [ˈʔo:pɐ]
- im Wort- und Silbenanlaut nach Präfixen
  <be-, de-, ent-, er-, ge-, ge-, ver-, zer->
  z. B. beenden - [bəˈʔɛndn̩]
  veralten - [fɐˈʔaltn̩],
  Eröffnung - [ɐˈʔœfnʊŋ]
- im Silbenanlaut nach Halbpräfixen
  <auf-, aus-, durch-, vor->
- an der Wortfuge von Wortzusammensetzungen
  z.B.: Sprecherzieher - [ʃpʀ̥ˈɛçʔɐtsi:ɐ],
  Sachsen-Anhalt - [zˈaksn̩ʔanhalt]
- in Buchstabenwörtern wenn hier der Vokal akzentuiert ist
  z.B. <DNA> - [dnʔa]

Anwendung von Vokaleinsatz

und auf und ab	ʔʊnt ʔaɔ̯f ʔʊnt ʔap
und ab und auf	ʔʊnt ʔap ʔʊnt ʔaɔ̯f
und ein und aus	ʔʊnt ʔaɛ̯n ʔʊnt ʔaɔ̯s
und aus und ein	ʔʊnt ʔaɔ̯s ʔʊnt ʔaɛ̯n

3.2.2 Qualität und Quantität der Vokale

Zwischen der Quantität und Qualität der Vokale besteht in den meisten Fällen ein enger Zusammenhang, so sind meist die langen Vokale gespannt, und die kurzen Vokale ungespannt. Weiterhin hängt die Qualität und Quantität der Vokale von der Silbenstruktur und der Akzentuierung der jeweiligen Silbe ab.

Um den Einsatz der Vokale verstehen und begründen zu können, kann man auch von der Silbenstruktur des Wortes ausgehen. So kommen *kurze ungespannte* Vokale in *geschlossenen Silben* und *lange gespannte Vokale* in *offenen Silben* vor.

Silbe

Wann jedoch sprechen wir von geschlossenen und offenen Silben? Hierbei gehen wir nicht von der rhythmischen Seite der Sprache

aus, sondern vielmehr von den Morphemen, der sogenannten kleinsten bedeutungstragenden Einheit in der Sprache, der Silbe aus.[71]
Hier unterscheiden wir zwischen freien und gebundenen Morphemen, welche z. B. den Wortstamm oder die grammatikalische Endung anzeigen. Die Silbengrenzen zeigen an, ob es sich um eine offene oder geschlossene Silbe handelt.

Zum einen enden *geschlossene Silben* auf einem oder mehreren Konsonanten. Anders formuliert: Werden zwei Vokale von mehr als einem Konsonanten getrennt, so bleibt nur der erste Konsonant bei der ersten Silbe, die restlichen Konsonanten gehen zur zweiten Silbe über.

z. B. süch/ tig - [z'ʏçtɪç]

Zum anderen endet eine *offene Silbe* immer auf einem Vokal.
Werden also zwei Vokale von einem Konsonanten getrennt, geht der Konsonant immer zur zweiten Silbe über.

z. B. Ho/ se -[h'o:zə]

Ausnahme

Ausnahmen gibt es beispielsweise bei Zischlauten (Frikativen) oder eingedeutschten Wörtern. Hierzu empfehle ich das Deutsche Aussprachewörterbuch 2010.

(In den folgenden Transkriptionen verwende ich das Zäpfchen-**[ʀ]**, da sich dieses Buch vor allem an Auszubildende für die Bühnenabteilung richtet, und wir hier eine größere Präzision benötigen. Der Einsatz des Reibe-**[ʁ]** ist im alltäglichen Sprechen häufiger gegeben.)

Notizen

Raum für Notizen

[71] Vgl. Linke, Ankgelika/Nussbaumer Markus/Portmann Paul R.: Studienbuch Linguistik, Max Niemeyer Verlag Tübingen 1996

3.2.2.1 Der Vokal [i:], [ɪ] - <i, ie, ih>

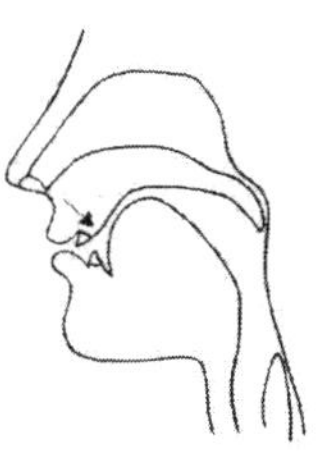

- ungerundeter (Lippen) hoher (Zungenrücken) Vorderzungenvokal

Bildung [i:], [ɪ]

Kieferöffnung ist gering

- der vordere Teil des Zungenrückens wölbt sich stark zum vorderen harten Gaumen
- der Spannungsgrad in der Zungenrückenhebung ist bei dem langen Vokal höher als bei dem kurzen Vokal (nach DAW)
- Zungenspitze oder vorderer Zungenrand liegt am unteren Zahndamm an

Einsatz von langem gespanntem Vokal [i:]

- in offener akzentuierter Silbe (Vokal steht vor einem Konsonanten)
  z. B. Lid [li:t]; Arthritis [aʶtʀ̥‘i:tɪs]
- unabhängig von Akzentuierungen im Wortauslaut wie
  z. B. Ski - [ʃki:]; Juli - [j‘uli:]
- nicht akzentuiert in geschlossener Silbe vor /l; m; n; r/ wie z. B.
  Hölderlin - [h‘œldɐli:n]; Emil -[‘e:mi:l]
- geschrieben mit Dehnungs <e> oder Dehnungs <h>
  z. B. Sieb - [zi:p]; ihm - [i:m]
  (nach DAW)

Einsatz von kurzem ungespanntem [ɪ]

- in geschlossener Silbe (steht vor mehr als einem Konsonanten) welche nicht durch Flektion zur offenen Silbe wird wie
  z. B. Himbeere - [h‘ɪmbe:ʀə];
  Licht - [lɪçt];
  Bitte - [b‘ɪtə];

Anwendung /i/

Und wie er winkt mit dem Finger,	[ʊnt vi: e:ᵉ vɪŋkt mɪt de:m f‘ɪŋɐ
Auftut sich der weite Zwinger,	aɔ̯f tu:t zɪç de:ᵉ v‘aɛ̯tə tsv‘ɪŋɐ.
Und hinein mit bedächtigem Schritt	ʊnt hin‘aɛ̯n mɪt bəd‘ɛçtɪgəm ʃʀɪt
Ein Löwe tritt, Und sieht sich stumm	aɛ̯n l‘ø:və tʀɪt, ʊnt zi:t zɪç ʃtʊm
Ringsum, Mit langem Gähnen,	ʀ‘ɪŋsʊm, mɪt l‘aŋəm g‘ɛ:nən,
Und schüttelt die Mähnen,	ʊnt ʃ‘ʏtəlt di: m‘ɛ:nən
Und streckt die Glieder,	ʊnt ʃtʀ̥ɛkt di: gl‘i:dɐ
Und legt sich nieder.	ʊnt le:gt zɪç n‘i:dɐ]
(Schiller, Der Handschuh)	

Lang:
Krieg und Frieden; Brief und Siegel; schief liegen

Lang - kurz; kurz - lang:
Hieb- und stichfest; nie und nimmer, um des lieben Friedens willen,
Ironie des Schicksals; immer und wieder;

Inmitten der Briten imitieren die Iren; Imbiss in Wien;
vierzig Bienen in diesem Bier
Illegal in Indien; Italien, Israel, Innsbruck ...
44 wilde gierige Tiere pirschen zielsicher die stille Kirche an.

(Wort- und Satzbeispiele überliefert und von Fiukowski)

Sätze:
Sieh durch das Sieb!
Erkennst du den Dieb,
Und darfst ihn nicht nennen.

(Goethe, Faust 1)

Ich bin ein Teil des Teils, der anfangs alles war,
Ein Teil der Finsternis, die sich das Licht gebar.

(Goethe, Faust 1)

Ich höre schon des Dorfs Getümmel,
Hier ist des Volkes wahrer Himmel,
Zufrieden jauchzet groß und klein:
Hier bin ich Mensch, hier darf ich sein.

(Goethe, Faust 1)
(nach DAW)
Hinweis: Weitere Regeln im Deutschen Aussprachewörterbuch nachschlagen.

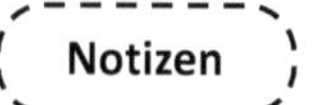

Raum für Notizen

3.2.2.2 Der Vokal [e:], [ɛ], [ɛ:] - <e, ee, eh, ä>

= ungerundeter (Lippen) mittelhoher (Zungenrücken) Vorderzungenvokal

Bildung [e:], [ɛ], [ɛ:]

- der vordere Teil des Zungenrückens wölbt sich mittelgradig zum vorderen harten Gaumen
- der Kiefer ist etwas mehr geöffnet als bei den hohen Vokalen [i, y, ø]
- der Spannungsgrad in der Zungenrückenhebung ist bei dem langen Vokal höher als bei dem kurzen Vokal,
- beim langen Vokal ist die Kieferöffnung etwas geringer (nach DAW)
- Zungenspitze oder vorderer Zungenrand liegt am unteren Zahndamm an

Einsatz von langem gespanntem [e:]

- akzentuiert in offenen Silben (Vokal steht vor einem Konsonanten)
  z. B. Brezel - [bʀ'e:tsl̩]; leben - [l'e:bn̩]; Thema - [te:ma]
- unabhängig von der Akzentuierung im Wortauslaut
  z. B. Faksimile - [fakz̥'i:mile:]; mobile - [m'o:bile:]
- Doppelvokal und Dehnungs <h>
  z. B. Beete - [b'e:tə]; Lehrer - [l'e:ʀɐ]

(nach DAW)

Einsatz von kurzem ungespanntem [ɛ]

- akzentuiert in geschlossener Silbe (Vokal steht vor mehr als einem Konsonanten), wenn diese nicht durch Flexion offen wird
  z. B. Recht - [ʀɛçt]; emsig - ['ɛmzɪç]; hell - [hɛl]
- vor <ch>; <sch> in offenen Silben
  z.B. Becher - [b'ɛçɐ]; frech - [fʀɛç]; fesch - [fɛʃ]
- in nicht akzentuierten deutschen Präfixen
  z. B. entlassen - [ɛntl'asən]

(nach DAW)

Einsatz von langem ungespanntem [ɛ:] - <ä>

- akzentuiert in offenen Silben (Vokal steht vor einem Konsonanten) oder vor Dehnungs- /h/

z.B. mähen – [m'ɛ:ən], Geräte– [gəʁ'ɛ:tə], erzählen - [ɐ'ts'ɛ:lən]

- vor <ß> z.B. Gefäß [gəf'ɛ:s], gemäß – [gəm'ɛ:s]

(nach DAW)

Einsatz vor <r> von langem gespannten [e:] und kurzem ungespannten [ɛ]:

[e:] in Pferd - [pfe:ᵉt],	**[ɛ]** in Herz - [hɛʶts],
Erde - [ʻe:ᵉdə],	Erbse - [ʻɛʶpsə],
werden - [vʻe:ᵉdən],	Kerbe - [kʻɛʶbə],
Herde - [hʻe:ᵉdə],	werben - [vʻɛʶbən],
Schwert - [ʃv̥ e:ᵉt],	Herzog - [hʻɛʶtso:k]
Wermut - [vʻe:ᵉmu:t],	Herberge - [hʻɛʶbɛʶgə],
Wert - [ve:ᵉt]	(nach DAW)

Hinweis: Weiterer Regeln im Deutschen Ausspracheẅörterbuch nachschlagen

Anwendung /e/

Er ist der Erste auf dem Pferd.	[e:ᵉ ɪst de:ᵉ ʻe:ᵉstə aɔ̯f de:m pfe:ᵉt]
Er ist der erste Zwerg auf dem Pferd.	[e:ᵉ ɪst de:ᵉ ʻe:ᵉstə tsv̥ɛʶk aɔ̯f de:m pfe:ᵉt]

„Solang er auf der Erde lebt,	[zo:lʻaŋ e:ᵉ aɔ̯f de:ᵉ ʻe:ᵉdə le:bt]
so lange sei dir's nicht verboten	.zo: lʻaŋə zaɛ̯ di:ᵉs nɪçt fɐbʻo:tən]
Es irrt der Mensch, solang er strebt."	[ɛs ɪʀt de:ᵉ mɛnʃ, zo:lʻaŋ e:ᵉ ʃtʀ̥e:bt]
(Goethe)	

„Recht ist schlecht und schlecht ist recht	[ʀɛçt ɪst ʃlɛçt ʊnt ʃlɛçt ɪst ʀɛçt
durch stinkige Luft schwebt und	dʊᵉç ʃtʻɪŋkɪgə lʊft ʃv̥ e:bt ʊnt
neblige Nächt."	nʻe:blɪgə nɛçt]
(Shakespeare)	

erregendes erregt erregendes
erregtes erregendes erregt erregendes
erregtes erregendes steht erregtem erregendem entgegen
erregtes geht gegen erregtes
versteckendes erregtes bettet steckendes bewegtes erregtes
klebendes wechselt versteckende steckende erregte bewegte gebettete
(Ernst Jandl aus das große e)

Fremdgehen lässt Ehen neben Ehen entstehen.
(nach Jandl)

Ich habe im Herbst mein Herz verscherzt,
Nun such ich auf Erden ehrlich zu werden.

„Berge versetzen / auf den rechten Fleck treffen / ein Herz und eine Seele / den Wind aus den Segeln nehmen; Gespenster sehen /das Mäntelchen nach dem Winde hängen /mit dem Herzen denken / fünf Ämter – sechs Mängel /ein magerer Vergleich ist besser als ein fetter Prozess /Müßige Mädchen spinnen schlimme Fädchen.

Unter schlechtem Kittel schlägt oft das beste Herz.
Der Mensch ist dem Menschen Verderben."

(Wort- und Wortgruppenbeispiele aus Rellstab und Fiukowski)

3.2.2.3 Der Vokal [a:], [a] - <a, aa, ah>

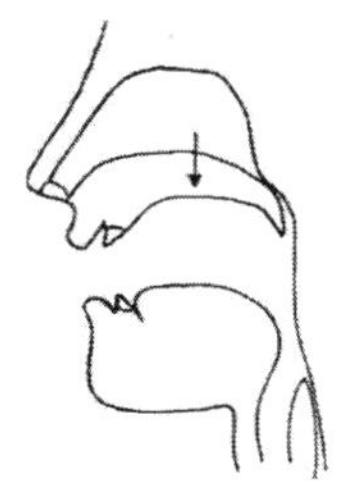

- ungerundeter (Lippenbeteiligung) Mittelzungenvokal mit flach liegender Zunge

Bildung von [a:], [a]

- die Kieferöffnung ist groß
- Zunge liegt flach im Mundboden (nach DAW)
- Zungenspitze oder vorderer Zungenrand liegt am unteren Zahndamm an

Einsatz von langem gespanntem [a:]

- akzentuiert in offener Silbe (Vokal steht vor einem Konsonanten)
  z. B. Babel [b‘a:bl̩],
  Bad - [ba:t]
- unabhängig von der Akzentuierung im Wortauslaut
  z. B. Hurra - [hʊʀ‘a:],
  Fulda - [f‘ʊlda:]
- vor /ß/
  z. B. Maß - [ma:s],
  Spaß - [ʃpa:s]
- bei Doppelvokal und Dehnungs- <h>
  z. B. Saale - [z‘a:lə],
  fahren - [f‘a:ʀən] (nach DAW)

Einsatz von ungespanntem kurzem [a]

- in geschlossener Silbe, (Vokal steht vor mehr als einem Konsonanten) wenn diese nicht durch Flexion zur offenen Silbe wird
  z. B. Magdeburg - [m‘akd̥əbʊʶk];
  Halle - [h‘alə],
  Alter - [‘altɐ]
- in offenen Silben vor <sch> (nach DAW)
  z.B. Asche - [‘aʃə],
  Tasche - [t‘aʃə]

Hinweis: Weitere Regeln im Deutschen Aussprachewörterbuch nachschlagen.

Anwendung von /a/

Herr von Hagen,	[hɛ^{ʁ} fɔn h‘a:gn̩
darf ich's wagen,	daʀf ɪçs v‘a:gn̩
sie zu fragen,	zi: tsu: fʀ‘a:gn̩
welchen Kragen Sie getragen,	v‘ɛlçən kʀ‘a:gn̩ zi: gətʀ‘a:gn̩
als Sie lagen	als zi: l‘a:gn̩
krank am Wagen	kʀaŋk am v‘a:gn̩
auf dem Weg nach Kopenhagen.	aɔ̯f de:m ve:k na:x ko:pm̩h‘a:gn̩]

(überliefert)

Anstalt Altstadt anstatt Altstadt Anstalt
(überliefert)

Die hohe Kraft
Der Wissenschaft
Der ganzen Welt verborgen!
(Goethe)

Als ich den Winter 1801 in M... zubrachte, traf ich daselbst
eines Abends, in einem öffentlichen Garten,
den Herrn C. an, ...
(Kleist)

Anekdote

Bach, als seine Frau starb, sollte zum Begräbnis Anstalten machen. Der arme Mann war aber gewohnt, alles durch seine Frau besorgen zu lassen; dergestalt, dass da ein alter Bediensteter kam, und ihm für Trauerflor, den er einkaufen wollte, Geld abforderte, er unter stillen Tränen, den Kopf auf einen Tisch gestützt, antwortete „sagt‘s meiner Frau.“
(Kleist)

Retourkutsche

Als Barbaras Papa
Barbara in der Bar sah
und fragte, warum Barbara
in der Bar ohne BH war,
fragte Barbara, warum Papa
in der Bar ohne Mama war.
(Winter)

kurzes [a]; langes [a:]

Schmach und Schande / Frage und Antwort / Angebot und Nachfrage / nach Adam Riese / außer Rand und Band geraten / Eulen nach Athen tragen / immer kalt Blut und warm angezogen / Anno dazumal / Hans Dampf in allen Gassen / das fünfte Rad am Wagen / einen Nagel zum Sarg / mit allen Wassern gewaschen /

(Wort- und Wortgruppenbeispiele aus Rellstab und Fiukowski)

Raum für Notizen

Notizen

3.2.2.4 Der Vokal [o:], [ɔ] - <o, oo, oh>

- gerundeter (Lippenbeteiligung) mittelhoher (Zungenrücken-hebung) Hinterzungenvokal

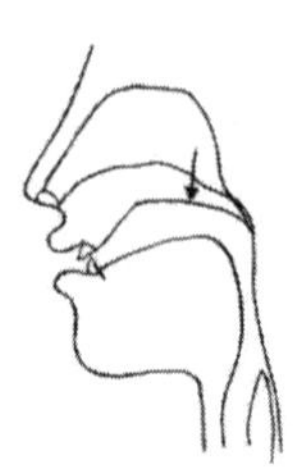

Bildung [o:], [ɔ]

- der hintere Teil des Zungenrückens wölbt sich mittelgradig zum hinteren Teil des harten Gaumens
- die Kieferöffnungsweite ist etwas größer, als bei den hohen Vorderzungenvokalen
- ebenso, ist die Kieferöffnungsweite bei kurzem ungespann-ten [ɔ] größer im Vergleich zum langen gespannten /o/ (nach DAW)
- Zungenspitze oder vorderer Zungenrand liegt am unteren Zahndamm an

Einsatz von langem gespanntem [o:]

- in akzentuiert offenen Silben (Vokal steht vor einem Konsonanten)
  z.B. Sofa - [z'o:fa] Ofen - ['o:fn̩]
- unabhängig von der Akzentuierung im Wortauslaut
  z. B Büro - [byʀ'o:];
  desto - [d'ɛsto:]
- vor <ß>
  z. B.Floß - [flo:s];
  groß - [gʀo:s]
- in nicht akzentuierten Endungen
  z. B. Faktor - [f'akto:ᵉ];
  Labor - [lab'o:ᵉ]
- bei Doppelvokal und Dehnungs- <h>
  z. B. Boote - [b'o:tə];
  Kohle - [k'o:lə]
  (nach DAW)

Einsatz von kurzem ungespanntem [ɔ]

- in geschlossener Silbe, (Vokal steht vor mehr als einem Konsonant) wenn diese nicht durch Flexion zur offenen Silbe wird
  z. B. Brombeere - [bʀ'ɔmbe:ʀə];
  Dolmetscher - [d'ɔlmɛtʃɐ]
  (nach DAW)

Hinweis: Weitere Regeln im Deutschen Ausspracheworterbuch nachschlagen.

Anwendung /o/

Ottos Mops trotzt	[ˈɔto:s mɔps tʀɔtst
otto fort mops fort	ˈɔto: fɔʁt mɔps fɔʁt
ottos mops hopst fort	ˈɔto:s mɔps hɔpst fɔʁt
otto soso	ˈɔto: zo:zo:
otto holt koks	ˈɔto: ho:lt ko:ks
otto holt obst	ˈɔto: ho:lt o:pst
otto horcht	ˈɔto: hɔʁçt
otto mops mops	ˈɔto: mɔps mɔps
otto hofft	ˈɔto: hɔft
ottos mops klopft	ˈɔto:s mɔps klɔpft
otto komm mops komm	ˈɔto: kɔm mɔps kɔm
ottos mops kotzt	ˈɔto:s mɔps kɔtst
otto ogottogott	ˈɔto: o gɔt o gɔt]

Ernst Jandl

vorvorvorvorvorvorvorvorvorhang
vorvorvorvorvorvorvorvorhang
vorvorvorvorvorvorvorhang
vorvorvorvorvorvorhang
vorvorvorvorvorhang
vorvorvorvorhang
vorvorvorhang
vorvorhang
vorhang

Ernst Jandl

Spott und Hohn / Toben und Tosen / Kost und Lohn / poltern und toben / In hohem Bogen hinausgeflogen / der Donner rollt / in Form kommen / toll vor Zorn / Moses und die Propheten / Das Wort stockt im Munde / vom hohen Ross herunterkommen / Leere Tonnen – großer Schall (Fiukowski)

Da steh ich nun, ich armer Tor,
Und bin so klug als wie zuvor.
(Goethe)

Drei Wochen war der Frosch so krank,
Jetzt raucht er wieder, Gott sei Dank.
(Busch)

3.2.2.5 Der Vokal [u:], [ʊ]- <u, uu, uh>

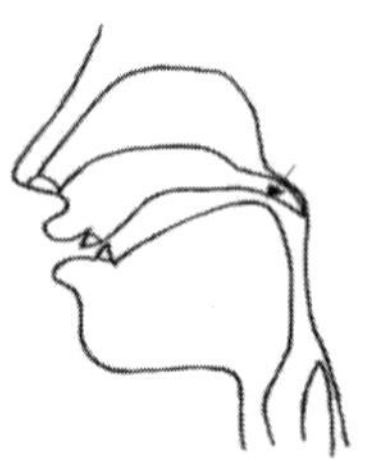

- gerundeter (Lippenbeteiligung) hoher (Zungenrücken-hebung) Hinterzungenvokal

Bildung: [u:], [ʊ]
- der hintere Teil des Zungenrückens wölbt sich stark zum hinteren Teil des harten Gaumens
- die Kieferöffnung ist gering, beim kurzen ungespannten [ʊ] etwas weiter (nach DAW)
- Zungenspitze oder vorderer Zungenrand liegt am unteren Zahndamm an

Einsatz von langem gespanntem [u:]
- in akzentuiert offenen Silben (Vokal vor einem Konsonant)
  z. B.: Bruder - [bʀ‘u:dɐ] Blut - [blu:t]
- unabhängig von der Akzentuierung im Wortauslaut
  z. B.: Iglu - [‘iglu:] Tabu - [tab‘u:]
- vor <ß>
  z. B.: Fuß - [fu:s] Gruß - [gʀu:s]
- bei Dehnungs- /h/
  z. B.: Buhle - [b‘u:lə]

Einsatz von kurzem ungespanntem [ʊ]
- in geschlossener Silbe (Vokal steht vor mehr als einem Konsonanten), wenn diese nicht durch Flexion zur offenen Silbe wird
  z. B.: Hund - [hʊnt] Kunde - [k‘ʊndə] Mutter - [m‘ʊtɐ]

- in Präfixen, welche die Funktion haben, das Gegenteil anzuzeigen
  z. B.: Unglück – [‘ʊnglʏk] unreif – [‘ʊnʀaɛ̯f] uneins – [‘ʊnˀaɛ̯ns]

- in nicht akzentuierten Suffixen eingedeutschter Wörter
  z. B.: Publikum - [p‘u:blikʊm] Natrium – [n‘atʀ̥i:ʊm]
  (nach DAW)

Hinweis: Weitere Regeln im Deutschen Aussprachewörterbuch nachschlagen.

Anwendung /u/

Über allen Gipfeln	[ʻy:bɐ ʻalən gʻɪpfəln
Ist Ruh	ɪst ʀu:
In allen Wipfeln spürest du	ɪn ʻalən vʻɪpfəln ʃpʻy:ʀəst du:
Kaum einen Hauch;	kaɔ̯m ʻaɛ̯nən haɔ̯x
Die Vöglein schweigen im Walde.	di: fʻø:glaɛ̯n ʃʏ̥ʻaɛ̯gən ɪm vʻaldə
Warte nur, balde	vʻaʀtə nu:^{e} bʻaldə
Ruhest du auch.	ʀʻu:əst du: aɔ̯x]
(Goethe, Wanderers Nachtlied II)	

Lang – kurz; kurz – lang:
Ruhe vor dem Sturm / nur Geduld / die Kunst der Fuge / ein stummer Gruß / vor Wut funkeln / der Magen knurrt vor Hunger / etwas unter die Lupe nehmen / ein gutgeschmiertes Mundwerk haben / unverwüstlicher Humor / etwas nur ungern tun / lustiges Huhn / seinen wunden Punkt suchen / Mutter Natur /

Lang:
eine urwüchsige Natur / gut zu Fuß sein /

Kurz:
sich den Mund fusselig reden /Innen Schmutz – außen Putz /
sich krumm und bucklig lachen /unter der Fuchtel stehen /

Sätze:
Im Dunkeln ist gut munkeln.
Armut ist des Reichen Kuh.
Beredter Mund geht nicht zugrund.
Der erste Trunk macht gesund,
Der zweite fröhlichen Mund,
Der dritte den Menschen zum Hund.
(Vgl. Fiukowski)

In Ulm und um Ulm und um Ulm herum.
Mut mit Hut. – Wut im Blut. – Blut im Hut.

(Wort- und Wortgruppenbeispiele aus Rellstab und Fiukowski)

3.2.2.6 Der Vokal [y:], [ʏ] - <ü, y>

gerundeter (Lippenbeteiligung) hoher (Zungenrückenhebung) Vorderzungenvokal

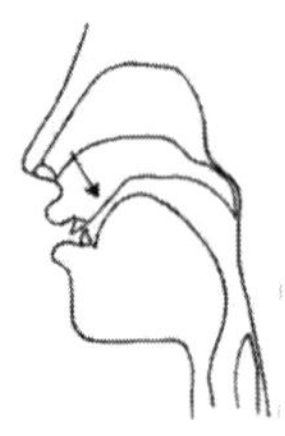

Bildung [y:], [ʏ]

- der vordere Teil des Zungenrückens wölbt sich stark zum vorderen harten Gaumen, bei den gespannten [y]-Lauten ist der Vorderzungenrücken etwas mehr gehoben, die Spannung etwas stärker
  (nach DAW)
- Zungenspitze oder vorderer Zungenrand liegt am unteren Zahndamm an

Einsatz von langem gespanntem [y:]

- in akzentuiert offenen Silben (Vokal vor einem Konsonanten)
  z. B.: Güte - [g'y:tə];
  Übel - ['y:bəl]
- unabhängig von der Akzentuierung im Wortauslaut
  z. B.: Menü - [men'y:]

- vor <ß>
  z. B.: Füßchen - [f'y:sçn̩];
  süß - [zy:s]
- in eingedeutschten Wörtern
  z. B. Typ – [ty:p]
  (nach DAW)

Einsatz von kurzem ungespanntem [ʏ]

- in geschlossener Silbe, (Vokal steht vor mehr als einem Konsonanten) wenn diese nicht durch Flexion zur offenen Silbe werden
  z. B.: Würde - [v'ʏʀdə];
  Mücke - [m'ʏkə]
- vor Doppelkonsonanten
  z. B.: Hütte - [h'ʏtə]
  (nach DAW)

Hinweis: Weitere Regeln im Deutschen Aussprachewörterbuch.

Anwendung /ü/

Der schlechte Bühnenspieler
zeigt sein Bühnenspiel verfrüht.

[de:^{e} ʃl‘ɛçtə b‘y:nənʃpi:lɐ
ts‘aɛ̯gt zaɛ̯n b‘y:nənʃpi:l fɐfʀ‘y:t]

Gefühle einer Verrückten
genügen für die Bühne nicht.

[gəf‘y:lə aɛ̯nɐ fɐʀ‘ʏktən
gən‘y:gən fy:^{e} di: b‘y:nə nɪçt]

Nur tüchtige Tyrannen
dürfen die Büsche in Ägypten schütteln.

[nu:^{e} t‘ʏçtɪgə t‘y:ʀanən
d‘ʏʀfən di: b‘ʏʃə ɪn ɛg‘ʏptn̩ ʃ‘ʏtəln]

Lückenbüßer / überbrücken / Gefühlserschütterung /
Überfülle / Verführungskünste / Südfrüchte / Blütendüfte /
Glücksgefühl / Frühlingslüfte / überschüssig / überschüssig /
überstürzen / Müllkübel / Tüllhütchen / Zündschnüre /
Bühnenstück / Bücherrücken /

Hüben und drüben / grünen und blühen / lügen und trügen /
Glück und Tüchtigkeit / tüfteln und grübeln / demütig und wehmütig /

So hörst du Schwüre, steht die Lüge vor der Türe.
Ein unnütz Leben ist ein früher Tod.
(Goethe)

Mich Henker!“ ruft er, „erwürget!
Da bin ich, für den er gebürget!“
(Schiller, Die Bürgschaft)
...
Der fühlt mir mein menschliches Rühren,
Läßt schnell vor den Thron sie führen ...
(Schiller, Die Bürgschaft)

Hüte dich, daß sich dein Feind mag hüten.
(Shakespeare)

Zu überzeugen fällt keinem Überzeugten schwer.
(Schiller)

(Wort- und Satzbeispiele aus Rellstab und Fiukowski)

3.2.2.7 Der Vokal [ø:], [œ] - <ö>

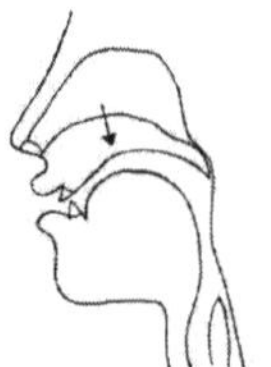

- gerundete (Lippenbeteiligung) mittelhohe (Zungenrückenhebung) Vorderzungenvokale

Bildung [ø:], [œ]

- der vordere Teil des Zungenrückens wölbt sich mittelgradig zum vorderen harten Gaumen, bei den gespannten [ø]-Lauten ist der Vorderzungenrücken etwas mehr gehoben, die Spannung etwas stärker, die Kieferöffnung ist etwas weiter als bei hohen Vokalen

  (nach DAW)
- Zungenspitze oder vorderer Zungenrand liegt am unteren Zahndamm an

Einsatz von langem gespanntem [ø:]

- in akzentuiert offenen Silben (Vokal einem Konsonanten)

  z. B.: Flöte - [fl'ø:tə];
  Bischöfe - [b'ɪʃø:fə]
- auch in akzentuiert geschlossener Silbe

  z. B.: Grönland - [gʀ'ø:nlant];
  höflich - [h'ø:flɪç]
  (nach DAW)

Einsatz von kurzem ungespanntem [œ]

- in geschlossener Silbe, (Vokal steht vor mehr als einem Konsonanten) wenn diese nicht durch Flexion zur offenen Silbe wird

  z. B. Fördern - [f'œʀdɐn]
- vor Doppelkonsonanten

  z. B.: öffnen - ['œfnən];
  Löffel - [l'œfl̩]
- in offenen Silben vielfach vor <ch>; <sch>

  z. B.: Knöchel - [kn'œçl̩];
  Frösche - [fʀ'œʃə]
  (nach DAW)

Hinweis: Weitere Regeln im Deutschen Aussprachewörterbuch nachschlagen.

Anwendung /ö/

In der Hölle gewöhnt sich der Körper an Kröten und Frösche. Rellstab	[ɪn de:^{ɐ} h‘œlə gəv‘ø:nt zɪç de:^{ɐ} k‘œʀpɐ an kʀ’ø:tən ʊnt fʀ‘œʃə]
Das verpönte Wörtchen im Götz tönt höchst ergötzlich. Rellstab	[das fɐp‘ø:ntə v‘œʀtçən ɪm gœts tø:nt høçst ɐg‘œtslɪç]

Lang – kurz:
Möbel – Mönch / Böhmen – Böttcher/ Pöbel – Pförtner /
Höschen – Hörnchen / König – Köpfe/ Göre – Göttin/

Im Wechsel:
Körpergröße / Königsmörder / schöner Körper / völlige Versöhnung /
löbliche Gönnung / wöchentliche Löhnung / öffentliche Störung /

Sätze:
Schwören, dass die Kröten hüpfen.
Jemanden die Flötentöne beibringen.
Böses Gewerbe bringt bösen Lohn.
Zu höflich wird tölpelig.

Erröten macht die Hässlichen so schön
Und sollte Schöne nicht noch schöner machen?
(Schiller)

Schöne junge Menschen sind Zufälle,
Schöne alte Menschen sind Kunstwerke.
(Heine)

(Wort- und Satzbeispiele überliefert, Rellstab, Fiukowski)

Raum für Notizen

Notizen

3.2.3 Schwa-Laut [ə] - <be-, ge-, -en, -em, -el>

- ungerundeter (Lippenbeteiligung) flacher Mittelzungenvokal

Bildung [ə]

- die Kieferöffnung ist größer als bei hohen Vokalen, jedoch geringer als bei <a>
- der Schwa-Laut ist in der deutschen Sprache nie akzentuiert (nach DAW)
- Zungenspitze oder vorderer Zungenrand liegt am unteren Zahndamm an

Einsatz vom Schwa-Laut [ə]

- wird gesprochen **in Präfixen** - <be->; <ge->
- z. B.: behalten - [bəh‘altn̩],
  gestolpert - [gəʃt‘ɔlpɐt]
- in unbetontem Wortauslaut
  z. B.: Texte - [t‘ɛkstə],
  Stücke - [ʃt‘ʏkə]
- wird gesprochen in deutschen Suffixen **<- en>** nach Nasalen <m>, <n>,
  z. B.: kommen - [k‘ɔmən];
  kennen - [k‘ɛnən]
- wird nicht gesprochen nach Plosiven und Frikativen (außer /ʀ/ und /j/)
- wird gesprochen **im Suffix <-em>** nach Vokalen, Diphthongen, Nasalen, Liquiden
  z.B.: klarem - [kl‘a:ʀəm];
  neuem - [n‘ɔœ̯əm]
- wird nicht gesprochen im Suffix <-em> nach Plosiven und Frikativen
  z. B.: bestem - [b‘ɛstm̩];
  großem - [gʀ‘o:sm̩]
- wird gesprochen **im Suffix <-el>** nach Vokalen, Diphthongen, Liquiden
  z. B.: Greuel - [gʀ‘ɔœ̯əl];
  Barrel - [b‘ɛʁəl]
- wird nicht gesprochen nach Plosiven, Frikativen
  z.B.: Fackel - [f‘akl̩]
  Löffel - [l‘œfl̩]

Hinweis: Weitere Regeln im Deutschen Aussprachewörterbuch nachschlagen.

Anwendung

Ehre, dem Ehre gebührt.
(Goethe)

[‘e:ʀə de:m ‘e:ʀə gəb‘y:^{ɐ}t]

Walle walle
manche Strecke,
Daß zum Zwecke
Wasser fließe
Und mit reichem, vollem Schwalle
Zu dem Bade sich ergieße.
(Goethe)

[v‘alə v‘alə
m‘ançə ʃtʀ‘ɛkə
das tsʊm tsv‘ɛkə
v‘asɐ fli:sə
ʊnt mɪt ʀ‘aɛ̯çəm f‘ɔləm ʃv‘alə
tsu: de:m b‘a:də zɪç ɐg‘i:sə]

Entzünde die lodernde Flamme
des Blitzes,
verbrenne, verbrenne
des Pentheus Haus
(Euripides)

[ɛnts‘ʏndə di: l‘o:dɐndə fl‘amə
dɛs bl‘ɪtsəs
fɐbʀ‘ɛnə fɐbʀ‘ɛnə
dɛs p‘ɛntɔœ̯s haɔ̯s]

[ə] in Vorsilben
beehren / beenden / behende / bestätigen / besprechen / bewähren / bewegen / bezähmen / Gebell / gefräßig / gemächlich / Geplänkel / Gepräge Gewebelehre / Geschnäbel / geschwänzt / genehm / genäselt /

[ə] im Auslaut
Stimme / Liebe / Lippe / Tiefe / Welle / Winde / Wade / Wiege / Säge /

in unbetonten Endsilben [-əl], [-ən], [-əm]
Knäuel / Gräuel / Pleuel / stummen / plumpen / gutem / rundem / argem / mächtigem / reimen / stimmen / Tränen / seien / fliehen / glühen / treuen / freien / schreien /

(Satz- und Wortsammlung überliefert – sowie von Fiukowski)

3.2.4 Diphthonge [aɛ̯] - <ei>; [ɔœ̯] - <eu>; [aɔ̯] - <au>

Diphthonge sind einsilbige Verbindungen von 2 ungespannten Vokalen. Es gibt insgesamt 3 Diphthonge im deutschen Sprachraum.
Bei allen 3 Diphthongen verringert sich die Mundöffnung zum zweiten Vokal hin. Es findet ein kontinuierlicher Übergang vom ersten zum zweiten Vokal hin statt, wobei die Intensität bei dem zweiten Vokal abnimmt.

Der Diphthong [aɛ̯] wird gebildet zwischen dem ungerundet flachem Vokal [a] und dem ungerundet mittelhohen ungespanntem Vokal [ɛ].

Der Diphthong [ɔœ̯] wird gebildet zwischen dem gerundet mittelhohen ungespannten Hinterzungenvokal [ɔ] und dem gerundet mittelhohen ungespannten Vorderzungenvokal [œ].

Der Diphthong [aɔ̯] wird gebildet zwischen dem ungerundeten flachen Vokal [a] und dem gerundeten mittelhohen ungespannten Hinterzungenvokal [ɔ]

Der am meisten abweichende Diphthong ist nach meiner Erfahrung der Diphthong [aɛ̯].

Er ist der vorderste Diphthong und benötigt eine schlanke Zungenrückenhebung mit einer Vorverlagerung der Zungenrückenhebung.

Die Zungenspitze oder vorderer Zungenrand liegt bei allen drei Diphtongen am unteren Zahndamm an.

Anwendung Diphtonge

33 rosenrote Ritter	[dʀʻaɛ̯ʊntd̥ʀaɛ̯sɪç ʀʻo:zənʀo:tə ʀʻɪtɐ
ritten dreiunddreißig mal	ʀʻɪtən dʀʻaɛ̯ʊntd̥ʀaɛ̯sɪç ma:l
um den Berg Ararat herum.	ʊm de:n bɛʀk aʀaʀʻa:t həʀʊm
Und als die 33	ʊnt als di: dʀʻaɛ̯ʊntd̥ʀaɛ̯sɪç
rosenroten Ritter	ʀʻo:zənʀo:tn̩ ʀʻɪtɐ
dreiunddreißig mal	dʀʻaɛ̯ʊntd̥ʀaɛ̯sɪç ma:l
um den Berg Ararat	ʊm de:n bɛʀk aʀaʀʻa:t
herum geritten waren,	həʀʻʊm gəʀʻɪtən vʻa:ʀən
ritten die dreiunddreißig	ʀʻɪtən di: dʀʻaɛ̯ʊntd̥ʀaɛ̯sɪç
rosenroten Ritter	ʀʻo:zənʀo:tn̩ ʀʻɪtɐ
noch dreiunddreißig mal	nɔx dʀʻaɛ̯ʊntd̥ʀaɛ̯sɪç ma:l
um den Berg Ararat herum.	ʊm de:n bɛʀk aʀaʀʻa:t həʀʻʊm]
(Felix Rellstab)	

Kleid den Leib ins Kleid vom Weib. [klaɛ̯t de:n laɛ̯p ɪns klaɛ̯t fɔm vaɛ̯p]
(Euripides)

Wortgruppen und Sätze:
Gleiches von Gleichem bleibt Gleiches / mein ein und alles sein / mein eigen Fleisch und Bein / einen Eid leisten / weiß wie Kreide sein / sich kein Bein ausreißen / jemanden seine Freiheit beschneiden / seinen Leib einsetzen / seine Zeit einteilen /

Der Geist, der stets verneint.
(Goethe)

Zwei Häuser, beide gleich in Rang und Stand ...
(Shakespeare)

Die höchste Weisheit ist, nicht weise stets zu sein.
(Opitz)

Durch das Einfache geht der Eingang zur Warheit.
(Lichtenberg)

Heiß mich nicht reden, heiß mich schweigen,
denn mein Geheimnis ist mir Pflicht.
(Goethe)

Eile mit Weile.

Eifersucht ist eine Leidenschaft,
die mit Eifer sucht,
was Leiden schafft.
(Grillparzer)

(Wort- und Satzauswahl überliefert, Rellstab und Fiukowski)

eulen

bist eulen
ja
bin eulen
ja ja
sehr eulen

bist auch eulen

ja
bin auch eulen
sehr eulen
ja ja

will aber nicht mehr eulen sein
bin schon zu lang eulen gewesen

will auch nicht mehr eulen sein
bin auch schon zu lang eulen gewesen

ja
mit dir da
mit dir da auch
bin nicht mehr eulen ja
bin nicht mehr eulen auch
ja ja
ja ja auch

doch wer einmal eulen war
der wird immer eulen bleiben immer
ja

ja ja

Ernst Jandl ersetzte in seinem Gedicht das Wort ‹allein› mit ‹eulen›. Er hielt ‹eulen› für das treffendere Wort, den treffenderen Klang, welches Einsamkeit beschreibt.

3.3 Konsonanten Theorie

Die Konsonanten werden durch unterschiedliche Einstellungen unserer Mundwerkzeuge zu einer entsprechenden Artikulationsstelle hin gebildet. Ausnahme stellt das [h] dar, da es im Kehlkopf gebildet wird.
Ich nenne die Konsonanten auch gerne „die Rechtsanwälte unseres Sprechens". Sie verteidigen unsere Absichten hörbar und zeigen deren Dringlichkeit. Nun wissen wir, dass diese Muskelbewegung von unserem Willen abhängig ist.
Die Heftigkeit des Lösungsprozesses zeigt sich in der Ausatmung.
Der Ausatemstrom überwindet den Artikulationsmodus, beispielsweise die Reibung, den Verschluss oder die Enge, aufgrund einer bestimmten Absicht.

Wir erinnern uns an den Satz Leonardo da Vincis in Kapitel 2.1, wo es hieß: wenn die Seele beim Körper verbleiben kann, so kann auch die Seele mittels des Körpers antworten und handeln.
Aus phonetischer Sicht werden Konsonanten auch Hemmlaute genannt, da die Sprechwerkzeuge innerhalb des Ansatzrohres (siehe Kapitel 3.1) ein Hindernis für deine Energie bilden. Das Hindernis nennen wir Artikulationsmodus. In den Konsonanten zeigt sich ebenfalls deine kommunikative Haltung sowie deine Entschlossenheit zu handeln, da dein Ziel, deinen Geist, den Körper bestimmt. Es sind die Mundwerkzeuge, welche durch die Konsonanten deine Haltung mit hörbar machen. Voraussetzung ist auch hierfür wieder ein durchlässiger sich zur Verfügung stellender Körper.

Die Realisierungsvarianten der Konsonanten werden über das Artikulationsorgan, die Artikulationsstelle und dem Arikulationsmodus beschrieben.

Artikulationsmodus – beschreibt die Art und Weise, wie der Phonationsstrom das Hindernis überwindet

Frikativ = Enge, Reibung
Liquide = Enge, Fließen
Plosiv = Verschluss / Sprengung
Nasal = Luft entweicht durch die Nase
Lateral = Luft entweicht seitlich
Vibrant = Wechsel von Verschluss und Enge

Artikulationsstelle

- labial = Lippen
- alveolar = Zahndamm
- präpalatal = vordere Hartgaumen
- palatal = mittlerer bis hinterer Hartgaumen
- velar = weicher Gaumen

- uvular = Zäpfchen
- glottal = Kehlkopf

artikulierendes Organ

- Lippen
- Zungenspitze
- Zungenrücken
- vorderer Zungenrand oder Zungenspitze

Artikulationsspannung

- gespannt oder ungespannt

Stimmhaftigkeit

- stimmhaft – stimmlos

3.3.1 Ausspracheregeln der Konsonanten

3.3.1.1 Auslautverhärtung

- folgende stimmhaften Lenis Konsonanten **[b; d; g; z; v]** werden am Wort- und Silbenauslaut mit stimmlosen Fortis Konsonanten gesprochen **[p; t; k; s; f]** (nach DAW)

  z. B. Bad – [ba:t]
  Lob – [lo:p] (weitere Beispiele bei den jeweiligen Lauten)

3.3.1.2 Aspiration in [p^h], [t^h], [k^h]

Mit Aspiration ist die Behauchung der Explosive [p; t; k] gemeint.

- wird gesprochen
  - im Wortauslaut
  - vor stark akzentuiertem Vokal in Wort- und Silbenanlaut (nach DAW) z.B. in Paar [p^ha:^{e}], Tier [t^hi:^{e}], Kiel [k^hi:l] (weitere Beispiele bei den jeweiligen Lauten)
  - nach stark akzentuiertem Vokal im absoluten Wortauslaut vor einer Pause und ebenso im stark akzentuiertem Silbenauslaut, wenn ein Vokal folgt, z.b. Galopp [gal'ɔp^h], Lob [lo:p^h], ablesen ['ap^hle:zn̩] (nach DAW)

- wird nicht gesprochen
  - in den Lautverbindungen <sp> = [ʃp-] z.B. Sport; Spieler; Spannung, Spalt

  <st> = [st-] z.B. Instanz
  <sp> = [ʃt-] z.B. Stopp, Stelle, Sterne (nach DAW)

Phonem	Graphem	Graphem	Phonem
[f]	f, ff, v, ph	Flug, Stoffe, Vogel,	[flu:k, ʃt'ɔfə, f'o:gl̩, fyz'i:k]
[v]	w, v	Wolle, Volt	[v'ɔlə, vɔlt]
[s]	s, ß, ss	los, Floß, Klasse	[lo:s, flo:s, kl'asə]
[z]	s	Sünde	[z'ʏndə]
[ʃ]	sch, s	schönes Spiel	[ʃ'ø:nəs ʃpi:l]
[ʒ]	g	Genie	[ʒen'i:]
[ç]	ch, g,	leicht, Leichtigkeit	[laɛ̯çt, l'aɛ̯çtɪçkaɛ̯t]
[j]	j, y	Juni, Yoga	[j'u:ni:, j'o:ga:]
[x]	ch	Bach	[bax]
[ʀ]	r, rr, rh	Rose, klirren,	[ʀ'o:zə, kl'ɪʀən, ʀ'ʏtmʊs]
[ʁ]	r, rr, rh	Rose, klirren,	[ʁ'o:zə, kl'ɪʁən, ʁ'ʏtmʊs]
[ɐ]	-er, er-	Spieler, erwiedern	[ʃp'i:lɐ, ɐv'i:dɐn]
[ᵉ]	-r	Meer	[me: ᵉ]
[h]	h	Hut	[hu:t]
[p]	p, pp	Post, tappen	[pɔst, t'apn̩]
[b]	b, bb	bleich, bibbern	[blaɛ̯ç, b'ɪbɐn]
[t]	t	Ton, tief	[to:n, ti:f]
[d]	d	Dom, Dach	[do:m, dax]
[k]	k, ck, ch, c	Kohl, Glocke, Cobra,	[ko:l, gl'ɔkə, k'o:bʀa, ko:ᵉ]
[g]	g, gg	Genf, Bagger	[gɛnf, b'agɐ]

Phonem	Graphem	Graphem	Phonem
[l]	ll, l	tolle Locke	[t'ɔlə l'ɔkə]
[m]	m, mm	manche Memme	[m'ançə m'ɛmə]
[n]	n, nn	Niemand kennen	[n'i:mant k'ɛnən]
[ŋ]	n, ng	sank klanglos	[zaŋk kl'aŋlo:s]
[pf]	pf	pfiffig	[pf'ɪfɪç]
[ts]	tz, z	trotz Zauber	[tʀɔts ts'ao̯bɐ]
[ks]	x, chs, ks,	Lux, Wachs, hakst,	[lʊks, vaks, ha:kst, ʀʊkst]
[kv̥]	qu	Qualm	[kv̥alm]

Die vorangegangene Tabelle führt zwei Zeichensysteme auf. Das Zeichensystem der Phoneme/Laute können wir sprechen und hören. Das Zeichensystem der Grapheme kann in seiner Form und Inhaltsseite nur gelesen und geschrieben werden.

33. Übung **Übung: Laufe zum Ziel**

Laufe am Ort mit dem Ziel, pünktlich auf der Probe zu sein. Die abstoßenden Füße am Boden sind dabei unsere Artikulatoren, welche immer wieder Verschluss, Reibung und Lösung praktizieren. Genieße es mit den Fußballen zu artikulieren, lass die Schultern dabei hängen.

/wi - we - wa - wo - wu - wü - wö - wä - wei - weu - wau/
/schi - sche - scha - scho - schu - schü - schö - schä - schei -scheu - schau/
/si - se - sa - so - su - sü - sö - sä - sei - seu - sau/

Wir könnten auch sagen, dass wir mit dem Artikulieren als Erste unseren Klang berühren. Evelyn Glennie, aus dem Film „touch the sound" sagte einmal:

„Hören ist eine Form von Berühren."

Und hier sind wir wieder inmitten der Partnerarbeit, es werden nicht nur Gedanken, sondern auch Berührungen ausgetauscht.

3.3.2 Frikativ [f], [v] - <f, ff, w, v, ph>

Bildung: stimmloser Fortis-Laut **[f]**, stimmhafter Lenis-Laut **[v]**

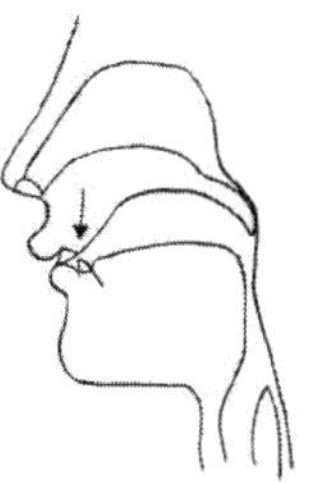

- Innenrand der Unterlippe wird gegen die oberen Schneidezähne geführt, es entsteht eine Enge, durch welche die Luft entweicht
- Zungenspitze oder vorderer Zungenrand liegt am unteren Zahndamm an

Einsatz von [f] - für <f; ff; ff>

- für <v> im Silbenanlaut vor Vokalen sowie vor <l, r>
  z. B. Vater - [f'atɐ]
  Veilchen – [f'aɛ̯lçn̩]
  Vlies – [fli:s]
- für **<v, w>** im Wort- und Silbenauslaut:
  z. B. Aktiv - [akt'i:f],
  Levkoje - [lɛfk'o:jə]
- für **<ph, pph>** in Wörtern aus dem Griechischen:
  z.B. Aphasie - [afaz'i:]
  Phonetik - [fon'e:tɪk]

Einsatz von [v] – für **<v>** vor Vokal

- im Wort- und Silbenanlaut eingedeutschter Wörter sowie eingedeutschten Namen:
  z. B. Virus - [v'i:ʀʊs]
  Vase - [v'a:zə]
- für **<w>** im Wortanlaut und im Silbenanlaut nach stimmhaftem Laut: z. B.
  Wild - [vɪlt]
  Lawine - [lav'i:nə]
- für **<wh>** in Wörtern aus dem Englischen
  z. B. Whisky - [v'ɪski:]
- für **<w>** in Namen aus slawischen Sprachen: <-ow, ew>:
  z.B.Tschechowa - [tʃ'ɛçɔva]

Einsatz vom entstimmlichten [v̥]

- für **<v, w>** - im Silbenanlaut nach stimmlosen Konsonanten:
  z. B. abwerten - ['apv̥e:ᵊtən]
  entwischen - [ɛntv̥'ɪʃn̩]

Hinweis: Weitere Regeln im Deutschen Aussprachewörterbuch nachschlagen.

Anwendungen von f / w

Es ist von vielfachem Vorteil, den Faust gerafft aufzuführen.	[ɛs ɪst fɔn f'i:lfaxəm f'ɔ^{e}taɛ̯l de:n faɔ̯st gəʀ'aft 'aɔ̯ftsufy:ʀən]
Die Verse des frühverstorbenen Verfassers fanden viel Beifall.	[di: f'ɛʀzə dɛs fʀy: fɐʃt'ɔʀbɛnən fɐf'asɐs f'andən fi:l b'aɛ̯fal]
Frevel in offenem Friedhof führt oft zu verflixten Verfolgungen.	[fʀ'e:fəl ɪn 'ɔfɛnəm fʀ'i:tho:f fy:^{e}t ɔft tsu: fɐfl'ɪkstən fɐf'ɔlgʊŋən]

[f] - [v] in Wortpaaren und Wort:
Wahl - fahl / fegen - Wegen / Welle - Felle / Wein - fein /
Fade - Wade / Fund - wund / Fahne - Wanne / wetten - fetten/
Vetternwirtschaft / Föhnwind / Fettwanst / Fichtenwald / Viehweide /
Laufwerk / Schafwolle / Taufwasser / Laufwunder / Dorfweiher /

Wer nichts weiß und nicht weiß, dass er nichts weiß, ist ein Tor. –
Weiche ihm aus!
Wer nichts weiß und weiß, dass er nichts weiß, ist bescheiden. –
Unterrichte ihn!
Wer etwas weiß und nicht weiß, dass er etwas weiß, schläft. –
Wecke ihn auf!
Wer etwas weiß, und weiß, dass er etwas weiß, ist ein Weiser. –
Ihm folge! (Arabisches Sprichwort)

Max Wachter macht acht Wachsmasken,
Acht Wachsmasken macht Max Wachter.

Wind und Wäschen führten Zank.
(Kästner)

Höflichkeit ist dem Menschen,
was die Wärme dem Wachs ist.
(Schopenhauer)

Ich bin durch tiefe Wälder gegangen,
wo der Wind ganz tief mit den Wipfeln spricht.
(Ringelnatz)
Es pfeift der Wind, die Möwen schrein,
Die Wellen, die wandern und schäumen.
(Heine)

(Wort und Satzbeispiele überliefert, Rellstab, Fiukowski)

3.3.3 Plosive [k], [kʰ], [g], [g̊] - <k, kk, ck, ch, g, gg, kg, c >

Bildung

- hinterer Zungenrücken bildet am hinteren harten Gaumen, oder Übergang zum weichen Gaumen (Lautumgebung) einen Verschluss, Verschlusslösung, Luft strömt aus
- velarer Verschluss
- Zungenspitze, Zungenrand liegt am unteren Zahndamm an
- **orale** Verschlusslösung passiert zwischen Gaumen und Zungenrücken
- **nasale** Lösungsprozess passiert über den Nasenausgang, wenn auf **<k, g>** ein silbisches [ŋ̩] folgt

Einsatz von [k]

<k, ck, kk> in einfachen Wörtern
<kg, kk, ckk> in Zusammensetzungen

z. B. wegkehren – [v'ɛk͜ke:ʀən];
Musikkultur – [muz'i:k͜kʊltu:ᵉ]

[k] kann in der Verschlussphase geringfügig gelängt sein

<ch> im Wort- und Silbenanlaut meist vor **<a, o, u, l, r, >**, zum Teil vor **<e, i>**

z. B. Chaos - [k'a:ɔs];
Chlor - [klo:ᵉ],
Chur - [ku:ᵉ],
Chronik - [kʀ'o:nɪk]
Chiemsee - [k'i:mze:];
Orchester - [ɔʶk'ɛstɐ]

<ch> nach Vokal in deutschen Wörtern, wenn <s> im Stamm folgt

z. B. Achse - ['aksə];
Fuchs - [fʊks]

<g, gg> im Wort- und Silbenauslaut, auch im gedeckten Auslaut

z. B. Weg - [ve:k];
magst - [ma:kst];
joggtest - [dʒ'ɔktəst]

<g> in Endung **<-ig>**, wenn sich eine Silbe mit <-lich> oder<-ch> anschließt

z. B. ewiglich - ['e:vɪklɪç]

<c> im Wort- und Silbenanlaut vor **<a, o, u, l, r>**

z. B. Cafe - [kaf'e:];
Crew - [kʀu:] (DAW)

[kʰ] Aspiration

- die Aspiration wird häufig vor akzentuiertem Vokal sowie im akzentuierten Wort- und Silbenauslaut eingesetzt

  z. B. Orchester - [ɔʀkʰ'ɛstɐ];
  Koch - [kʰɔx];
  weg - [vɛkʰ] (DAW)

Einsatz von [g]

<g> vor Vokal und vor stimmhaften Konsonanten

z. B. Gnade - [gn'a:də],
begreifen - [bəgʀ'a̯ɛfən]

<g, kg> im Silbenauslaut, wenn dem folgenden Suffix ein zum Stamm gehörendes **<l>, <n>** oder **<r>** vorausgeht

z. B. segle - [ze:glə];
aneignen - ['anaɛ̯gnən];
ich baggre - [ɪç b'agʀə]

<gg> in einfachen Wörtern zwischen Vokalen

z. B. Flagge - [fl'agə];
Waggon - [vag'ɔŋ] (DAW)

Einsatz vom entstimmlichten [g̊]

<g> im Silbenanlaut nach stimmlosen Konsonanten

z. B. Aufgabe - ['aɔ̯fg̊ab:ə];
ausgraben - ['aɔ̯sg̊ʀabən]

<gg> beim Zusammentreffen gleicher Plosive an der Silben- oder Wortgrenze nach Präfixen und in Komposita

z. B. Weggefährte -[ve:k͡gəfɛ:ᵉtə]
(DAW)

Hinweis: Weitere Regeln im Deutschen Aussprachewörterbuch nachschlagen.

Anwendung von k / g

Wie er räuspert und wie er spukt,
das habt ihr ihm tüchtig abgeguckt.
(Schiller)

[vi: e:ᵄ ʀ'ɔœ̯spɐt ʊnt vi: e:ᵄ ʃpʊkt
das ha:pt i:ᵄ i:m t'ʏçtɪç 'apġəgʊkt]

Durchs Auge Liebe?
Nichts ist abgeschmackter.
Der Kehlkopf nur verrät
uns den Charakter.
(Fontane)

[dʊʀçs 'aɔ̯gə l'i:bə
nɪçts ɪst 'apg̊əʃmaktɐ
de:ᵄ k'e:lkɔpf nu:ᵄ vɐʀ'ɛ:t
ʊns de:n kaʀ'aktɐ]

Auslautverhärtung [-k]
Sieg / Weg / Sog / log / schlug / Flug / Tag / Schlag / Teig / zog /

[ks-]
Xenia / Luchs / Max / Weichsel / Box / fuchsen / Echse / Buchsbaum /

Wortpaare:
Kind und Kegel / kreuz und quer / Kisten und Kasten / klipp und klar /
Kaum hatte der Kläger geklagt, kam der Angeklagte an den Galgen.

Kleine Kröten haben auch Gift.
Kosaken kamen in kühle Kerker, da sie kühn Kakaosäcke anknackten.
Dem Dicken blieb beim Anblick des Charakterkopfs die Spucke weg.
Querköpfe kommen kleinlichen Kunstkritikern chronisch in die Quere.

Wenn Klapperschlangen klappern, grünt Klappergras.
Klappergras grünt, wenn Klapperschlangen klappern.

Die Katze tritt die Treppe krumm,
krumm tritt die Treppe die Katze.

Das kategorische Drehmoment
Als die Bekannte von Kant
sich zwischen Bettkante und Schrank verkantet hatte,
drehte Kant die Bekannte
mit dem Vierkant
kurzerhand hochkant.
(Winter)

(Wort- und Satzsammlung: überliefert; Fiukowski; Rellstab)

3.3.4 Lateral [l], [l̩]- <l, ll>

Bildung:

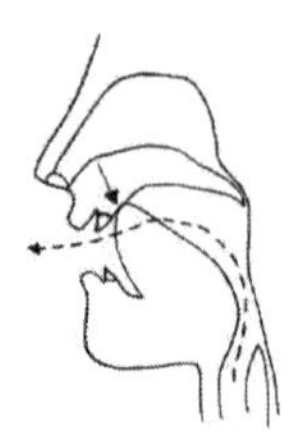

- vorderer Zungensaum liegt am oberen Zahndamm der Schneidezähne an
- Luft strömt zwischen den seitlichen Zungenrändern und Backenzähnen aus
- Stimmlippen schwingen, velarer Verschluss

Einsatz von [l]

<l, ll> in einfachen Worten

<ll, lll> an Silben- bzw. Wortgrenze nach Präfixen und in Komposita

z. B Falllinie -[f'all:ni̯ə];

[l] kann in der Verschlussphase geringfügig verlängert sein

Einsatz von [l̩] silbisch

<l̩> bei Ausfall des Schwa-Lautes [ə] in Endungen <-el>

nach Nasalen und Frikativen außer [ʀ] und Plosiven

z. B. Klingel - [kl'ɪŋl̩];

Kreisel - [kʀaɛ̯zl̩];

Hantel - [h'antl̩]

Hinweis: Weitere Regeln im Deutschen AusspracheWörterbuch nachschlagen.

Anwendung /l/

Lichtreflex rülpsende Schattenwand	[l'ɪçtʀɛfləks ʀ'ʏlpsəndə ʃ'atənvant
welcher wie tremolierend	v'ɛlçɐ vi: tʀemol'i:ʀənt
über die Diagonale wegschießt	y:be di: diagon'a:lə v'ɛkʃi:st
von blubbernden Fleckblasen	fɔn bl'ʊbɐndən fl'ɛkb̥la:zən
ohne Hast verfolgt	o:nə hast fɐf'ɔlgt]

(Heissenbüttel Untergänge)

[l-] im Anlaut

Leutnant / lebhaft / lebhaft / Leipzig / Lampe / Laub / Lilie / Leinen / Leie / Läden

[-l-] im Innlaut

Thule / fühlen / wollen / sollen / Hölle / Beule / Pfeile / Säule / Stille / Welle /

Häufung

Lustgefühl / Liebelei / Lageplatz / Landeplan / Löschblatt / letztmalig / Landplage / Landeplatz / leidenschaftlich / Lautlehre / Lippenblütler /

Kleinkindkleidchen kleidet Kleinkind.

Der Leutnant von Leuten befahl seinen Leuten nicht eher zu leuten,
bis das der Leutnant von Leuten seinen Leuten das Leuten befahl.

Auf der langen Rapperswiler Brücke liegen sieben dünne lange hohle, leere Röhrlein, und wenn die lieben Rapperswiler Leute durch diese sieben dünnen langen hohlen, leeren Röhrlein reden, lehren die sieben dünnen, langen, hohlen leeren Röhrlein die lieben Rapperswiler Leute recht reden.

(Wort und Satzbeispiele überliefert, Rellstab, Fiukowski)

Raum für Notizen

Notizen

3.3.5 Nasal [m] - <m, mm, mmm >

Bildung:

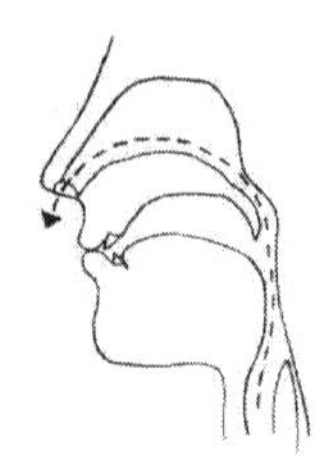

- Lippen liegen locker aufeinander, verschließen den Mundraum
- Gaumensegel gesenkt, Luft strömt durch die Nase aus
- Stimmlippen schwingen

Einsatz von [m]
<m, mm> in einfachen Worten
<mm, mmm> an Silben- bzw. Wortgrenze nach Präfixen und in Komposita
z. B. Raummaß - [ʀaɔ̯m͜ma:s];
Kammacher - [k‘am͜maxɐ]

Einsatz vom silbischen [m̩]
<m> bei Ausfall des Schwa-Lautes [ə] in Endungen <-em> nach Frikativen außer [ʀ] und Plosiven
z. B. bestem - [b‘ɛstm̩]
welchem - [v‘ɛlçm̩]

Hinweis: Weitere Regeln im Deutschen Ausspracheworterbuch nachschlagen.

Anwendung /m/

Metzger, wetz dein Metzgermesser! Dein Metzgermesser wetz, Metzger!	[m‘ɛtsgɐ vɛts daɛ̯n m‘ɛtsgɐmɛsɐ daɛ̯n m‘ɛtsgɐmɛsɐ vɛts m‘ɛtsgɐ]
Der Schneidermeister hat mein Mantelmaß vergessen, er muss es mir morgen wieder an-me-me-messen.	[de:^{ɐ} ʃn‘aɛ̯dɐmaɛ̯stɐ hat maɛ̯n mantl̩ma:s fɐgɛsən e:^{ɐ} mʊs ɛs mi:^{ɐ} m‘ɔ^{ʁ}gən v‘i:dɐ an-mɛ-mɛ-m‘ɛsən]

[m] im An- und Inlaut:
Mutmaßen / mucksmäuschenstill / Musikmeister / Monogamie / Mohnblume / Mittelmehr / mitnehmen / menschenmöglich / Mittelsmann / Mümmelmann /

[mm] oder [mmm] an Wortgrenze:
Raummaß / Strommesser / Heimmeister / Stammmutter / Schwimmmeister / sich’s bequem machen / nimm mich mit / Jemanden im Magen haben /

Du mußt nur wollen,
Sonst kommt das müssen,
Und dann fehlt der Dank.
(Grillparzer)

Kein Mensch muss müssen ...
(Lessing)

Der Mond hat Münzen ins Meer gesät.
(Majakowski)

Mit Maus und Mann / von Mund zu Mund

Wenn mancher Mann wüsste, wer mancher Mann wär', tät mancher Mann manchem Mann manchmal mehr Ehr'. Da mancher Mann nicht weiß, wer mancher Mann ist, drum mancher Mann manchen Mann manchmal vergisst.

An seinem Atem merkt man, dass er unmöglich mehr meistert.

Unter den Mimen bemerkt man manchmal anmaßende Menschen.

Der Filmmarkt wird mehr und mehr von dummen Mimen überschwemmt.

Mehrmals kam der Zimmervermieter umsonst zum Zimmermieter.

(Wort und Satzbeispiele überliefert, Rellstab, Fiukowski)

Raum für Notizen

Notizen

3.3.6 Nasal [n], [n̩] - <n, nn>

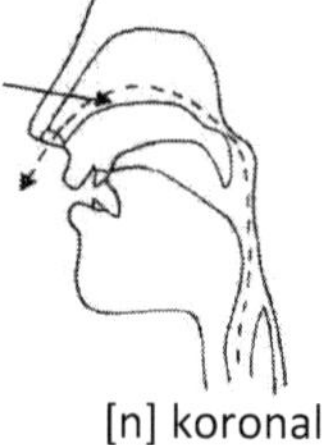

[n] koronal

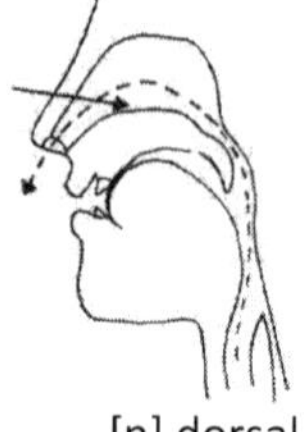

[n] dorsal

Bildung: 2 Arten des Verschlusses

[n] koronal

- vorderer Zungensaum liegt an dem Zahndamm der oberen Schneidezähne an,
- Luft strömt durch die Nase aus – Stimmlippen schwingen

[n] dorsal

- vorderer Zungenrücken liegt an dem Zahndamm der oberen Schneidezähne an
- Luft strömt durch die Nase aus – Stimmlippen schwingen

Einsatz von [n] <n, nn> in einfachen Wörtern, außer vor **<g, k>** siehe [ŋ]

<n> vor <g>; <k> in zusammengesetzten Wörtern

z. B. angeben - [‘ange:bn̩]
oder [‘ange:bm̩] in freier Rede

<n> in Präfixen **<en-, in-, syn->** auch vor **<g, k>** und **<ch>** = [k] in eingedeutschten Wörtern

z. B. Enklave – [‘ɛnkl̥a:və]
synchron – [zʏnkʀ‘o:n]

<nn, nnn> Silben- und Wortgrenzen

z. B. annehmen – [‘an͜ne:mən]
Brennessel – [bʀ‘ɛnəsl̩]

Einsatz von silbischem [n̩] <n> in Suffixen <-en> nach <t, d> und Frikativen

z. B. reden - [ʀ‘e:dn̩];
riechen - [ʀ‘i:çn̩]

Hinweis: Weitere Regeln im Deutschen Aussprachewörterbuch nachschlagen.

Anwendung /n/

Menschengunst ist Erdendunst.
[m'ɛnʃəngʊnst ɪst 'e:^{ɐ}dəndʊnst]

Nennt man die besten Namen,
So wird auch der meine genannt.
(Heine)

[n'ɛnt man di: b'ɛstən n'a:mən
zo: vɪ^{ʁ}t aɔ̯x de:^{ɐ} m'aɛ̯nə gən'ant]

[n] im An- und Inlaut
Nichtskönner / Nachnahme / Namensnennung / Neidnagel / nagelneu /

[n] in Endsilbe <-en> nach <m>
Blumen / lahmen / lähmen / leimen / schämen / schäumen / Samen /

[n] in Endsilbe <-en> nach <n>
Planen / dienen / öffnen / regnen / brennen / ahnen / zeichnen / rechnen

[n] in Endsilbe <-en> nach <l>
Spielen / stehlen / zielen / strahlen / prahlen / prallen / rillen / trollen / tollen /

[n] vor Konsonanten <f>
Ankunft / Niederkunft / Zukunft / künftig / Vernunft / Senf / Senftenberg

[n] vor Konsonanten <g>
Angesicht / angeben / Angebot / Kongruenz / kongenial / ungebunden /

[n] vor Konsonanten <k>
Anklage / ankleben / Anklang / inklusive / inkognito / konkret / Konkurs /

Ungenügend angenähert.
Nebeneinnahmen dienen nur den närrischen neuen Steuereinnehmern.
Ein wahnsinniger Nuntius rennt an schönen Sonntagen Nina nach.
Der neuernannte Pilot machte den Eindruck eines tristen Neandertalers.
Neun Nähnadeln nähen neun Nachtmützen, neun Nachtmützen nähen Neandertalers neun Nähnadeln.

(Wort und Satzbeispiele überliefert, Rellstab, Fiukowski)

3.3.7 Frikativ [s], [z], [z̥] - <s, ss, ß, z, zz, tz, chs, x>

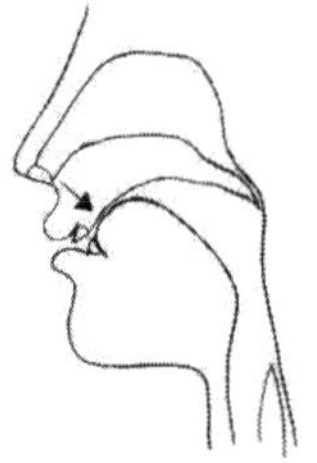

dorsaler Frikativ

Bildung:

stimmloser Fortis- Laut **[s]**, stimmhafter Lenis-Laut **[z]**

Wir unterscheiden hier 2 Varianten in der Hervorbringung des Lautes.

Bildung:

1. dorsale Bildung, (mittels des Zungenrückens)

- die Zungenspitze berührt die unteren Schneidezähnen
- der vordere Zungenrücken wölbt sich in Richtung vorderen Zahndamm nahe den oberen Schneidezähnen auf
- seitlichen Zungenränder legen sich an die oberen Backenzähne an
- die Mittellinie der Zunge weist eine Rille auf, der Luftstrom entweicht medial
- durch die Enge zwischen Zungenrücken, Gaumen und vorderen Schneidezähnen entsteht ein scharfes (schlankes) Reibegeräusch (DAW)

2. apikale Bildung (mittels der Zungenspitze)

- die Zungenspitze schwebt frei hinter dem Zahndamm der oberen Schneidezähne. Durch die Längsrille im Zungenrücken entsteht mit der ausströmenden Luft das Reibegeräusch an dieser Enge (DAW)

Einsatz von [s]

- für **<s>** - im Wort- Silbenauslaut und gedecktem Silbenauslaut

  z. B. Haus - [haɔ̯s]

  Frist - [frɪst]

  Disput - [dɪsp'u:t]

- im Silbenanlaut nach stimmlosen Konsonanten

  z.B. gipsen - [g'ɪpsn̩]

  Kekse - [k'e:ksə]

- für **<ss>, <ß>**

  z. B. Messe - [m'ɛsə]

  beißen - [baɛ̯sn̩]

- für **<c>** in französischen und englischen Wörtern

  z. B. Cent - [sɛnt]

  Stil - [sti:l]

Einsatz von [ts] für **<z>, <zz>, <tz>**

z. B. Herz - [hɛʀts]

Razzia - [ʀ'atsi̯a:]

Hitze - [h'ɪtsə]

- wird gesprochen für **<t>** vor unsilbischen **[i]**

  z. B. Nation - [natsi̯'o:n]

Einsatz von [ks] für **<x>, <chs>**

z. B. Max - [maks]

Xanten - [ks'antn̩]

Einsatz von [z] im Wortanlaut

z. B. Sonne - [z'ɔnə]

Saturn - [zat'ʊʁn]

- im Silbenanlaut nach stimmhaftem Laut, vor Vokal

  z.B. Amsel - ['amzl̩]

  Felsen - [f'ɛlzn̩]

Einsatz von entstimmlichtem [z̥]

- im Silbenanlaut nach stimmlosem Konsonan vor Vokal,

  z. B. ratsam - [ʀ'a:tz̥a:m]

- nach **<s, ss, ß>** an Silben bzw. Wortgrenzen nach Präfixen und Zusammensetzungen

  z. B. Schlusssatz - [ʃl'ʊsz̥ats]

Hinweis: Weitere Regeln im Deutschen Aussprachewörterbuch nachschlagen.

Anwendung /s/

Tanzt eure Sohle nur beseelt,
mir ist die Seele wie mit Blei besohlt.
(Shakespeare)

[tantst ʻɔœ̯ʀə zʻo:lə nu:ᵉ bəzʻe:lt
mi:ᵉ ɪst di: zʻe:lə vi: mɪt blaɛ̯
bəzʻo:lt]

Miss Sara Simpsons Sittenleere
scheinet nicht die Strengste zu sein ...
(Lessing)

[mɪs sʻɛra sʻɪmpsəns zʻɪtn̩
lʻe:ʀə ʃaɛ̯nət nɪçt di: ʃtʀʻɛŋstə
tsu: zaɛ̯n]

Wieso soviel Philosophie Sophie,
da war doch erst soviel Vieh Sophie.
(Jandl)

[vʻi:zo zo:fʻi:l fɪlozofʻi: zofʻi:
da va:ᵉ dɔx e:ᵉst zofʻi:l fi: zofʻi:]

Soviel Samt und Seide
sah die Susi selten
am weißen Strand von Griechenland.
(überliefert)

[z:ofʻi:l zamt ʊnt zaɛ̯də
za: di: zʻuzi: zʻɛltn̩
am vaɛ̯sn̩ ʃtʀ̥ant fɔn gʀʻi:çn̩lant]

[z] im Wort- und Silbenanfang
Singsang / Sesam / Samson / Siebensachen / Eisen / Flausen / Sehnsucht /

[z] wird entstimmlicht nach stimmlosen Konsonanten
Absicht / Nippsache / Tobsucht / Leichtsinn / Nordsee / Tatsache / Endsilbe /
Wind säen / Rat suchen / mit sehenden Augen nicht sehen /
Aufsagen / scharfsinnig / weg sein / log sicher/ Fischsuppe / Menschsein /
Ichsucht / durchsichtig / auch sie / ins Buch sehen / doch so /

[s] im Wort- und Silbenauslaut
Mars / Vers / Laus / los / Bus / auslachen / rausschmeißen / Lauskamm /
Besuchsritze /

[z] - [s]
Geisel - Geißel / reisen - reißen / Rosse - Rose / Dusel - Dussel / Tassen - rasen /
selbstbewusst / sittenlos / seefest / Naseweis / Rosenstrauß /
(Wortsammlung überliefert und Fiukowski)

Fals seine Bremsen
ausnahmsweise versagen,
wird der Fels bremsen.

[fals zʻaɛ̯nə bʀʻɛmzən
ʻaɔ̯sna:msvaɛ̯zə fɐzʻa:gən
vɪʀt de:ᵉ fɛls bʀʻɛmzən]

3.3.8 Frikativ [ç], [j] - <ch, j, y, -ig, lj, gn>

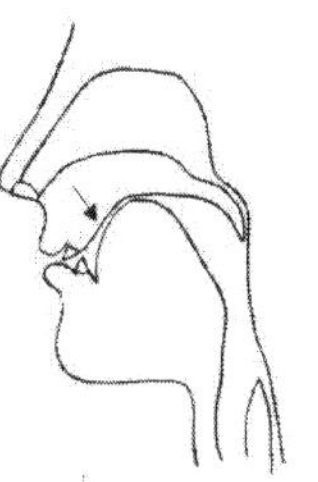

Bildung: stimmloser Fortis- Laut **[ç]**, Stimmhafter Lenis-Laut **[j]**

- der Vorderzungenrücken wölbt sich zum vorderen Teil des harten Gaumens auf
- Zungenspitze ist am vorderen unteren Zahndamm
- es entsteht eine Enge für das Reibegeräusch
- die Mittellinie der Zunge weist eine Längsrille auf
- die auströmende Luft passiert die Enge zwischen Vorderzungenrücken und Gaumen (DAW)

Einsatz von [ç]

- nach hellen Vokalen wie **<i, e, ä, ö, y,>**

  z. B. höchst - [hø:çst]

  Küche - [k'yçə]
- nach den Diphthongen <ei, ai> [ae̯], <eu> [ɔœ̯]

  z. B. Deich - [dae̯ç]

  feucht - [fɔœ̯çt]
- in Diminutiva

  z. B. Püppchen - [p'ypçən]
- Im Anlaut vor **<e>** und **<i>** in eingedeutschten Worten

  z. B. Chitin - [çɪt'i:n]

  chemisch - [ç'e:mɪʃ]
- in Endungen <ig> wenn nicht die darauf folgende Silbe <lich> ist

  z. B. ewig - ['evɪç]

  ewiglich - ['evɪklɪç]

  König - [k'ø:nɪç]

  königlich - [k'ø:nɪklɪç]

[j] wird gesprochen für **<j>**

- im Silbenanlaut vor Vokal

  z. B. Jacke - [j'akə]

  jemals - [j'e:ma:ls]

[j] wird gesprochen für **<y>**

- im Silbenanlaut vor Vokal in Wörtern aus dem Französischen und Englischen

  z. B. York - [jɔ:ᵉk]

  Yankee - [j'ɛŋki:]

[lj] wird gesprochen für **<ll>**
nach /i/ vor Vokal in Wörtern aus dem Französischen und Spanischen

z. B. Billard - [b'ɪljaɐt]
Pavillon - [p'a:vɪljɔŋ]
auch [pavɪlj'õ:]

[nj] wird gesprochen für **<gn>** in Wörtern aus dem Französischen und Italienischen

z. B. Champagner -[ʃãp'anjɐ]
Lasagne - [laz'anjə]
(DAW)

Hinweis: Weitere Regeln im Deutschen Aussprachewörteruch nachschlagen.

Raum für Notizen **Notizen**

Anwendung von /ch/

wenn was durch was durchgeht dann ist alles was rundrum ist was was gleich rundrum drumherum ist und was was allenfalls anders ist als was anderes ist doch nicht anders rundrum als was andres wenn aber was was durch was durchgegangen ist aus was durch was was durchgegangen ist rauskommt ...
(Heissenbüttel, Was was was was)

[vɛn vas dʊʀç vas dʻʊʀçġe:t dan ɪst ʻaləs vas ʀʊntʀ̥ʻʊm ɪst vas vas glaɛ̯ç ʀʊntʀ̥ʻʊm dʀʊmhɛʀʻʊm ɪst ʊnt vas vas ʻalənfals ʻandɐs ɪst als vas ʻandʀɛs ɪst dɔx nɪçt ʻandɐs ʀʊntʀ̥ʻʊm ʻals vas ʻandʀɛs vɛn ʻabɐ vas vas dʊʀç vas dʻʊʀçgəgaŋən ɪst aɔ̯s vas dʊʀç vas vas dʻʊʀçgəgaŋən ɪst ʀʻaɔ̯skɔmt ...]

Ich wische diese Küche nicht.
Ich wische diese tschechische Küche wirklich nicht.
Ich wische diese tschechische Küche mit den chinesischen Teetischchen erst recht nicht.
Ich wische diese tschechische Küche mit den chinesischen Teetischchen und den griechischen Streichholzschächtelchen schon gar nicht.
überliefert (selber weiterentwickeln)

Ich besteche höchstens Richter.
(Rellstab)

Im dichten Fichtendickicht
sind dichte Fichten wichtig.
(Überliefert)

<ch> als [ç] im Anlaut
Chemie / Chemiker / Cherub / Cherubim / China / Chinese / Cherubim /
<ch> als [k] im Anlaut
Chamäleon / Chaos / Charakter / Cholera / Chronik / Melancholie /
<ch> als [ç] im Anlaut
Chanson / Chaussee / Chauvinist / Chance / Chiffon /
<ch> als [tʃ] im Anlaut
Charly / Chamberlain / Chesterfield / Chicago / Winchester /

(Wort und Satzbeispiele überliefert, Rellstab, Fiukowski)

3.3.9 Stimmloser Frikativ-Laut [x] - <ch>; <cch>

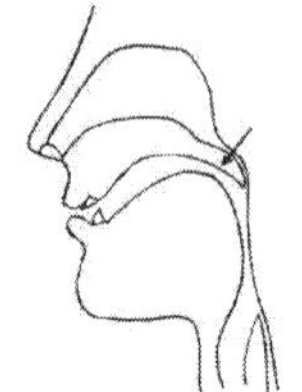

Dorsaler velarer Frikativ

Bildung:

- der hintere Teil des Zungenrückens wölbt sich zum weichen Gaumen auf
- Zungenspitze ist am vorderen unteren Zahndamm
- es entsteht eine Enge durch welche das kräftige Reibe Geräusch [x] strömt
- [x] ist stark gespannt. (DAW)

[x] wird gesprochen für:

- <ch> nach <a, o, u> und nach dem Diphthong [aɔ̯]
  z. B. acht - [axt];
  Loch - [lɔx];
  Buch - [bu:x],
  tauchen - [t'aɔ̯xn̩]
  Rauch – [ʀaɔ̯x]
- <cch> in Wörtern aus dem Griechischen z.B. Bacchus - [b'axʊs] (DAW)

Hinweis: Weitere Regeln im Deutschen Aussprachewörterbuch nachschlagen.

Raum für Notizen

Notizen

Anwendung /ch/

Ach, ach, ach,	[ax ax ax
Hier liegt der Herr von Zach.	h:i^{ɐ} liegt de:^{ɐ} hɛ^{ʁ} fɔn tsax
Er ist geboren in Bacharach,	e:^{ɐ} ɪst gəb‘o:ʀən ɪn b‘axaʀax
Nun hat er nur	nu:n hat e:^{ɐ} nu:^{ɐ}
ein schmales Dach.	aɛ̯n ʃm‘a:ləs dax]

[x]
Ach und Krach / Nacht für Nacht / Woche um Woche /
Loch bei Loch und hält doch

[x]; [ç]
Dichten und Trachten / wachen und richten / kichern und lachen /

Sich ins Fäustchen lachen.
Eine Sache übers Knie brechen.
Der liebt mich recht, der meinen Bauch füllt.

Lachen, dass die Schwarte kracht.
Der Koch brachte fluchend acht mal acht Kuchen.
Das Nachhaltigste an der schwachen Predigt war der sachliche Bericht.
Die schlechten Nachrichten haben Flügel.
Ein schwacher Abglanz der alten Herrlichkeit.
Der cholerische Dichter macht nächtelang Krach.
Glücklich ist, wer rechtzeitig ins Charakterfach wechselt.
Achtundachtzig rechteckige Hechtköpfe.

Spotte nicht über des Nachbarn Dach,
wenn das Eigene Löcher hat.

Der dicke Dachdecker deckt dir dein Dach,
drum dank dem dicken Dachdecker,
dass der dicke Dachdecker dir dein Dach deckte.

(Wort- und Satzbeispiele überliefert - Rellstab, Fiukowski

3.3.10 Glottaler Frikativ [h] - <h>

Bildung [h]

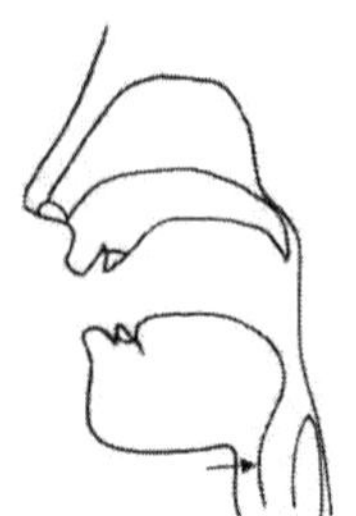

- das schwache Reibegeräusch entsteht innerhalb des Kehlkopfes mit der Ausatmung
- [h] ist in der Regel stimmlos, kann aber in intervokalischer Position auch stimmhaft gesprochen werden (DAW)

Einsatz von [h]

<h> im Silbenanlaut vor Vokal,

z.B. Hand - [h'ant],
human - [hum'a:n],
Inhalt - ['ɪnhalt],
lachhaft - [l'axhaft]

[h] ist stumm bei:

<h> nach langem Vokal

z. B. Froh - [fʀo:],
kahl - [ka:l]

<h> im Silbenanlaut vor Schwa-Laut **[**ə] und vor nicht akzentuierten Suffixen <i, u>

z. B. Sehen - [z'e:ən];
fähig - [f'ɛ:ɪç];
Begehung - [bəg'e:ʊŋ]

<h> nach **<r, t, k, d, b, d, g>**, wenn diese Buchstaben der gleichen Silbe angehören,

z. B. Rhein - [ʀaɛ̯n];
Khaki - [k'a:ki:];
Ghetto - [g'ɛto:]
(DAW)

Anwendung /h/

Herzhafte Hand	[h'ɛʀtshaftə hant
Nährt Leute und Land.	nɛːʀt l'ɔœ̯tə ʊnt lant]
Der Horcher an der Wand	[deːᵉ h'ɔʀçɐ an deːᵉ vant
Hört seine eigne Schand.	høːᵉt z'ae̯nə 'ae̯gnə ʃant]

Hin und her / Mit Haut und Haar / Himmel und Hölle / Heim und Herd / Hals und Hand / Hirn und Herz / Hahn und Henne /

Und was ist's denn, was wir haben? -
Nun, wir sprechen! Rasch im Fliehn
Haschen wir des Lebens Gaben.
(Goethe)

Hundert hurtige Hunde hetzen hinter hundert hurtigen Hasen her,
Hinter hundert hurtigen Hasen hetzen hundert hurtige Hunde.

Heiraten, das heißt, Nachtigallen zu Hausvögeln machen.
(Grabbe)

Humor kommt von Hintergrundwissen und nicht von Hass.

Der hellhörige Hans hat den heiligsten Horror vor hübschen Hündchen.
(Rellstab)

Raum für Notizen

Notizen

3.3.11 Bilabiale Plosive [p], p^h], [b], [b̥]- <p, b, pp, ppp, bb>

Bildung [p, b, b̥]

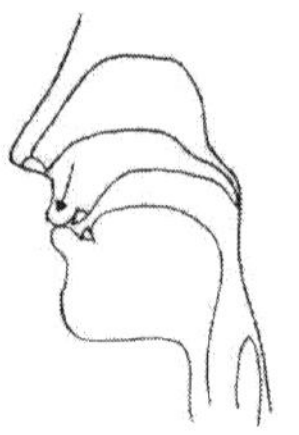

- bilabialer Verschluss, velarer Verschluss
- nach Luftstromstau kommt es zur Verschlusslösung, Explosionsphase, Luft strömt aus
- Zungenrand liegt am unteren Zahndamm an
- orale Bildung durch Öffnen der Lippen
- nasale Bildung durch Senken des Velums wenn auf **<p,b>** ein silbisches <m̩> folgt (DAW)

Einsatz von stark gespanntem Fortis-Laut [p]

<p, pp> in einfachen Wörtern

z. B. Paul - [paɔ̯l];
Appell - [ap‘ɛl]

<bp, pp, ppp> in Komposita

z.B. Halbpension - [h‘alp͡paŋzi̯o:n],
Pappplakat - [p‘a͡pplaka:t];

Die Verschlussphase von [p] kann geringfügig gelängt sein

<b, bb> in Wort und Silbenauslaut

z. B. Lob - [lo:p],
glaubhaft - [gl‘aɔ̯phaft]

<p,b> in Lautverbindungen [pf, ps, pʃ]

z. B. Pfanne - [pf‘anə];
hübsch - [hʏpʃ]
(DAW)

[p^h] Aspiration

<p> vor akzentuiertem Vokal sowie im akzentuierten Wort- und Silbenauslaut, abhängig von der Gesamtspannung

z. B. Paul - [p^haɔ̯l]
Lob - [lo:p^h] (DAW)

Einsatz von [b]

<b> im Wort- und Silbenauslaut vor Vokal und stimmhaften Konsonanten,

z. B. Beet - [be:t];
Kabarett - [k‘abaʀɛt]

<b, bb> im Silbenauslaut, wenn folgendem Suffix ein zum Stamm gehörendes **<l>, <n>** oder **<r>** vorausgeht oder wenn in einer Nebenform auf **<b, bb>** ein **<e>** folgt

z. B. Ebnung - [ʻe:bnʊŋ];
übrig - [ʻy:bʀɪç];
neblig - [nʻe:blɪç]
oder nebelig - [nʻe:bəlɪç]

<bb> in einfachen Wörtern vor Vokalen

z. B. Hobby - [hʻɔbɪ]

Einsatz von entstimmlichtem [b̥]

<b> im Silbenanlaut nach stimmlosen Konsonanten

z. B. aufbrechen - [ʻaɔ̯fb̥ʀɛçən];
Hausbau - [hʻaɔ̯sb̥aɔ̯]

<bb, pb, pp> beim Zusammentreffen gleicher Plosive an Silben- und Wortgrenzen nach Präfixen und Komposita

z. B. Abbild - [ʻapb̥ɪlt];
Pappbecher - [pʻapb̥ɛçɐ]
(DAW)

Hinweis: Weitere Regeln im Deutschen Aussprachewörterbuch nachschlagen.

Raum für Notizen

Notizen

Anwendung p/b

Dies verbuchen wir besser unter geballtem Halbwissen.	[di:s fɐbʻu:xən vi:ᵉ bʼɛsɐ ʻʊntɐ gəbʻaltəm hʻalpv̥ɪsən]
Halbbildung ist weit verbreitet.	[hʻalpb̥ildʊŋ ɪst vaɛ̯t fɐbʀʻaɛ̯tət]

Auslautverhärtung am Silben-, Wortende:
Weib / weiblich / üblich / Korb / Verbende / Halbwissen

Entstimmlichung: [b̥]
Kneifbruder / Raubbau / ab Berlin / Halbbruder / vom Leib bleiben /

Aspiration:
Post / Puma / Paula / Prahle nicht / Perlen putzen /

Wortpaare:
Bulle - Pulle / Puma - Buna / Bube - Puppe / Bogen - Pocken / Pole - Bolle / backen - packen / baden - Paten / Prater - Braten /

Wenn der Berg nicht zum Propheten kommt,
so muss der Prophet zum Berge kommen.

Blaukraut bleibt Blaukraut
und Plättbrett bleibt Plättbrett.
Blaukraut bleibt Blaukraut
und Brautkleid bleibt Brautkleid.

Der Potsdamer Postkutscher putzt den Potsdamer Postkutschkasten.
Der Cottbuser Postkutscher putzt den Cottbuser Postkutschkasten.
Der Potsdamer und der Cottbuser Postkutscher putzen den Potsdamer und Cottbuser Postkutschkasten.
Der Potsdamer Postkutscher putzt den Cottbuser Postkutschkasten und der Cottbuser Postkutscher putzt den Potsdamer Postkutschkasten

Der kleine plappernde Kaplan klebt poppige peppige Pappplakate auf die klappernde Kapelwand.

(Wortauswahl überliefert, Rellstab und Fiukowski)

3.3.12 Plosive [t], [t^h], [d], [d̥] <t, d>

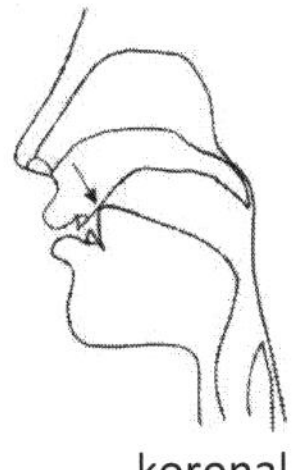
koronal

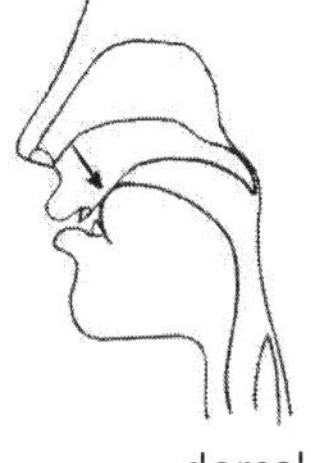
dorsal

Bildung: 2 Arten des Verschlusses:

- *koronale Artikulation* - der vordere Zungensaum liegt dem oberen Zahndamm an, velarer Verschluss
- *dorsale Artikulation* - der Vorderzungenrücken liegt dem oberen Zahndamm an, während sich die Zungenspitze an den unteren Schneidezähnen befindet, velarer Verschluss
- bei beiden Verschlussarten berühren die seitlichen Zungenränder den Zahndamm der Backenzähne, das Aufheben des Zungenkontaktes mit dem Zahndamm **löst** den Verschluss, Luft strömt aus
- **ora**l, kann bei [t] mit deutlichem Explosions- und nachfolgendem Hauchgeräusch verbunden sein
- **nasal**, wenn auf **<t, d>** ein silbisches [n̩] folgt, z.B. nach Ausfall des Schwa-Lautes [ə] im Suffix <-en>
- **lateral** wenn auf **<t, d>** ein [l] oder [l̩] folgt. (DAW)

Einsatz von [t]

<t, tt, dt> in einfachen Wörtern,
z. B Teller - [t'ɛlɐ],
Traum - [tʀaɔ̯m]

<dt., tt, ttt> in Zusammensetzungen,
z. B. Wandteller - [v'anttɛlɐ];
mitteilen - [m'ɪttaɛ̯lən]

[t] kann in der Verschlussphase geringfügig gelängt sein

<-d> im Wort- und Silbenauslaut,
z. B. Rat - [ʀa:t];
randlos - [ʀ'antlo:s]
(DAW)

Einsatz von [ts]

<t> vor unsilbischen [i̯] in eingedeutschten Wörtern

z. B. Aktie - ['akti̯ə]

Razzia - [ʀ'atsi̯a:];

(DAW)

[t^h] Aspiration

- die Aspiration wird häufig vor akzentuiertem Vokal sowie im akzentuierten Wort- und Silbenauslaut eingesetzt

  z. B. Tele - [t^h'ɛlɐ];

  und - [ʊnt^h];

  wird - [vɪʀt^h]

- Die Aspiration wird situativ gebraucht, für die Bühne kommt es aufgrund der notwendigen Konkretheit zum häufigeren Gebrauch.

Einsatz von [d]

<d> im Silben- und Wortanlaut, und vor stimmhaftem Vokal

z. B Verdruss - [fɐdʀ'ʊs],

Droge - [dʀ'o:gə]

<d, dd> wenn dem folgenden Suffix zugehörig ein <n<, <l>, <r> vorausgeht

z. B. Redner - [ʀ'e:dnɐ];

niedrig - [n'i:dʀɪç];

Handlung - [h'andlʊŋ]

(DAW)

Einsatz von entstimmlichtem [d̥]

<d> Silbenanlaut nach stimmlosen Konsonanten und in Komposita

z. B. Abderhalden - [apd̥ɐh'aldn̩];

Sanddorn - [z'ant͡d̥ɔ^{ʁ}n]

Hinweis: Weitere Regeln im Deutschen Aussprachewörterbuch nachschlagen.

Anwendung t / d

Altstadt-Anstalt anstatt Anstalt Altstadt [ʻaltʃtat ʻanʃtalt ʻanʃtat anʃtalt ʻaltʃtat] (Rellstab)

Das getötete Tier rötete den Sand,	[das gətʻø:tɛtə ti:ᵉ ʀʻø:tɛtə de:n zant
den Sand rötete das getötete Tier.	de:n zant ʀʻø:tɛtə das gətʻø:tɛtə t:iᵉ]
(Rellstab)	

Die hohe Kraft	[di: hʻo:ə kʀaft
Der Wissenschaft	de:ᵉ vɪsn̩ʃaft
Der ganzen Welt verborgen!	de:ᵉ gʻantsn̩ vɛlt fɐbʻɔʶgn̩ / fɐbʻɔʶgŋ
Und wer nicht denkt,	ʊnt ve:ᵉ nɪçt dɛŋkt
Dem wird sie geschenkt.	de:m vɪʁt zi: gəʃɛŋkt
Er hat sie ohne Sorgen.	e:ᵉ hat zi: o:nə zʻɔʶgn̩] oder [zʻɔʶgŋ̍]
(Hexen aus Faust 1, Goethe)	

[t] im Silben- und Wortauslaut:
Mund / Bund / Sund / Schund / und / Rad / Kleid / Held / Geld / bald / Mond / Glut / Hut / Mut / gähnt / reist / Toast / Tollwut / Torwart / Torheit / Wilddieb / Raddampfer / Abenddämmerung / Felddienst / an die Wand drücken / tausend Dank / und dir /

Nach durchtobten, durchzechten Nächten ist uns todelend zumut.
Das Attentat auf den Thronprätendenten fand wieder nicht statt.

Etwas ist faul im Staate Dänemark.
(Shakespeare)

Der dicke Dieter trägt die dicke Dame durch den dicken Dreck. Da dankt die dicke Dame dem Dieter, das der dicke Dieter die dicke Dame durch den Dreck getragen hat.

(Wort- und Satzbeispiele überliefert, Rellstab, Fiukowski)

3.3.13 Nasal [ŋ] - <ng, nk, nx, nqu >

Bildung:

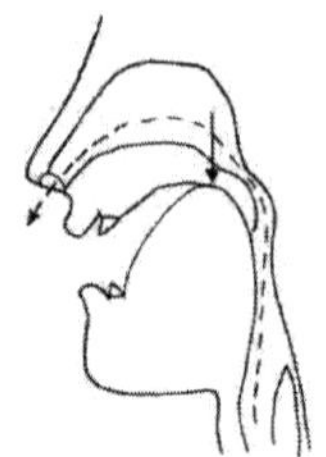

- hinterer Zungenrücken gehoben und bildet Verschluss mit dem Gaumen
- entsprechend der Lautumgebung wird [ŋ] am hinteren Gaumen oder weichen Gaumen gebildet – Velum (weicher Gaumen) gesenkt, sodass der Luftstrom durch die Nase entweicht – Stimmlippen schwingen

Einsatz von [ŋ]<ng> - im Auslaut

z.B. Freyung - [fr'aɛ̯ʊŋ]
Zeitung - [ts'aɛ̯tʊŋ]

<ng> - vor <i, u> in nichtakzentuierter Form, vor Schwa-Laut [ə] und dem Suffix <-er>

z. B. Sänger - [z'ɛŋɐ]
Ringe - [ʀ'ɪŋə]
gängig - [g'ɛŋɪç]

<n> - vor **<k, ks, x, qu>**

z. B. Schrank - [ʃʀ'aŋk]
Sphinx - [sfɪŋks]
Delinquent - [delɪŋkv̥'ɛnt]

<n> vor **<g>** in eingedeutschten Wörtern und Namen

z. B. Fango - [f'aŋgo]
Mango - [m'aŋgo]

Einsatz vom silbigen [ŋ]

vor Ausfall des Schwa-Lautes [ə] vor <g>; <k>

z. B. Ziegen - [tsi:gŋ̍]
backen - [b'akŋ̍]

Hinweis: Weitere Regeln im Deutschen Ausspracheẅorterbuch nachschlagen.

Anwendung von /ng/

Singt der Sänger beim Sinken	[zɪŋt de:ᵉ z'ɛŋɐ baɛ̯m z'ɪŋkən
oder sinnt der Sänger beim Sinken	o:dɐ zɪnt de:ᵉ z'ɛŋɐ baɛ̯m z'ɪŋkən
oder sinkt der Sänger beim Sinnen	o:dɐ zɪŋkt de:ᵉ z'ɛŋɐ baɛ̯m z'ɪnən
oder Sinken oder Singen.	o:dɐ z'ɪŋkən o:dɐ zɪŋən]

<ng> und <kn> wechselnd:
Anker - Anger / Bank - bang / Schlange - schlanke / krankt - prangt / singt - sinkt / gesenkt - Gesänge / klingt - klinkt / schminkt - schlingt/ Inge verschenkt Schlingen.

<ng> vor Vokal
Mango / Ungarn / Kongo / Mongolei / Linguistik / Flamingo / Kontingent / Mangold / Tangente / Angora / Rangun / Angelika / Singapur / fingieren / Mit Hangen und Bangen / Angst und Bange / Schrank und schlank

Im engen Kreis verengert sich der Sinn.
(Schiller)

Lass das Vergangene vergangen sein.
(Goethe)

Und ihr Hals wird lang und länger, Ihr Gesang wird bang und bänger.
(Busch)

Unke, Unke, komm geschwind, Komm herbei, du kleines Ding ...
(Grimms Märchen)

Als der greise Onkel krank und gelähmt in der Klinik liegt, kommt er auf den Gedanken, das ganze Geld und Gut, inbegriffen die gesamten Grundstücke, dem buckligen Gregor zu schenken, der aus Dankbarkeit dem gütigen Onkel tagelang lustige Geschichten aus der Grossglocknergegend zum Besten gibt.

(Wort und Satzbeispiele Rellstab, Fiukowski)

3.3.14 Frikativ [ʃ], [ʒ] - <sch>, <g>

Stimmloser Fortis- Laut [ʃ], Stimmhafter Lenis-Laut [ʒ]

Bildung [ʃ, ʒ]

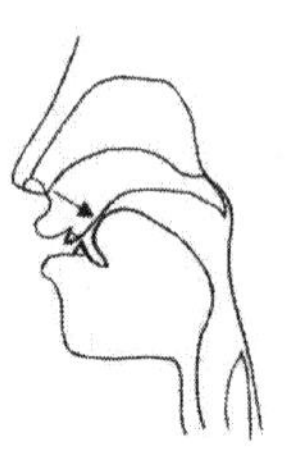

- dieser Laut benötigt als einziger Laut keinen vorderen Zungenspitzenkontakt
- die Zunge liegt löffelförmig im Mundraum
- im Vorderzungenrücken bildet sich eine breite Längsrille
- der vordere Zungenrand nähert sich dem oberen Zahndamm
- die ausströmende Luft erzeugt in dieser Enge eine Reibegeräusch.
- Lippen gerundet und vorgestülpt (DAW)

[ʃ] = stark gespannt und stimmlos
[ʒ] = schwach gespannt und stimmhaft

Einsatz von [ʃ]

- im Wort- und Silbenanlaut, im Auslaut
  z. B. Schule - [ʃ'u:lə]
  Tisch - [tɪʃ]
- im Wort- und Silbenanlaut vor <t> und <p> sowie nach Präfixen
  z. B. Stadt - [ʃtat]
  Spiel - [ʃpi:l]

[ʃ] - wird nicht gesprochen

- wenn der Diminutivendung ein **<s>** vorausgeht, [s] und [ç]
  z. B. Röschen- [ʀ'ø:sçn̩]
- im nicht absoluten Silbenanlaut oder wenn zwischen Frikativ und Plosiv eine Silbengrenze besteht
  z. B. Aspirant - [asp'iʀant],
  Aspekt - [asp'ɛkt]

Anmerkung: In einigen eingedeutschten Wörtern ist das Sprechen von [s] statt [ʃ] auch möglich,
z. B. Spezifika - [ʃpets'i:fɪka];
Sponsor - [ʃp'ɔnzo:^{e}]

Einsatz von [ʒ] für **<g>** in Wörtern aus dem Französischen vor **<e, i>** und für **<ge>** in Wörtern aus dem Französischen vor <a, o, u;>
z.B. Regisseur - [ʀeʒɪs'ø:^{e}]

- für **<g>** in Wörtern aus dem Italienischen vor **<a, o, u>**
  z. B. Genie- [ʒen'i:]; Giro - [ʒ 'i:ʀo:]

Einsatz von [dʒ]

- in Wörtern aus dem Englischen für <j> in Wörtern aus dem Englischen
  z. B. Jeans - [dʒi:ns]
- in Wörtern aus dem Englischen für **<g>** in Wörtern aus dem Englischen **<e,i,y>**
  z. B. Gin - [dʒɪn]

Hinweis: Weitere Regeln im Deutschen Aussprachewörterbuch nachschlagen.

Anwendung von /sch, g/

Bescheidenheit, Bescheidenheit	[bəʃ'aɛ̯dənhaɛ̯t bəʃ'aɛ̯dənhaɛ̯t
verlass mich nicht bei Tische	fɐl'as mɪç nɪçt baɛ̯ t'ɪʃə
und gib, dass ich zu jeder Zeit	ʊnt gi:p das ɪç tsu: j'e:dɐ tsaɛ̯t
das größte Stück erwische.	das gʀ'ø:stə ʃtʏk ɐv'ɪʃə]
Ein französischer Regisseur	[aɛ̯n fʀants'ø:zɪʃɐ ʀeʒɪs'ø:^{ɐ}
inszenierte ein griechisches Stück.	ɪntsɛn'i:ʁtə aɛ̯n gʀ'i:çɪʃəs ʃtʏk]
Ein tschechischer Regisseur	[aɛ̯n tʃ'ɛçɪʃɐ ʀeʒɪs'ø:^{ɐ}
inszenierte ein chinesisches Stück.	ɪntsɛn'i:ʀtə aɛ̯n çin'e:ziʃəs ʃtʏk]

Zwischen zwei Zwetschgenzweigen
sitzen zwei Zeisige, und nicht davor.

Eine Schar scheckiger Schildkröten schimpft
im schattigen Schilf
über Schiffe mit Schaufeln.

Von schönen Wesen wünschen wir Vermehrung,
Auf das der Schönheit Rose nimmer sterbe ...
(Sonett 1 Shakespeare)

Auf tschechichen Teetischchen
liegen griechische Streichholzschächtelchen
für chinesische Wissenschaftler
in östereichischen Strasssteinchenstretchjeans.

Gib mir mal das Täschchen
auf dem Tischchen
mit dem Fläschchen im Täschchen
und dem Fischchen im Fläschchen.
Danke

(Wortsammlung überliefert und Rellstab)

3.3.15 R-Laute [ʁ], [ʀ], [r], [ɐ], [ᵉ] - <r, rr, rh, rrh, -er>

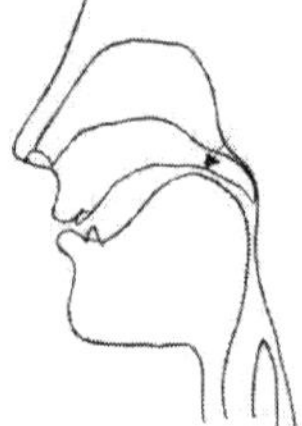

dorsal-postpalatal/velarer Lenis**[ʁ]**

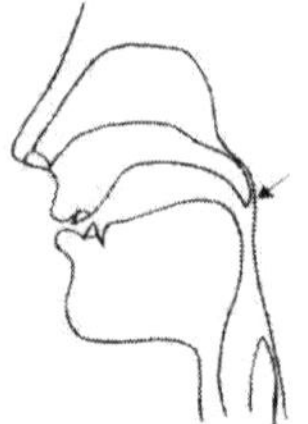

uvularer Vibrant **[ʀ]**

Bildung [ʀ], [ʁ], [ɐ]; [ᵉ]

- das **<r>** wird konsonantisch und vokalisch gebildet
- konsonantische Bildung sind das Zäpfchen - r [ʀ]
  das Reibe - r [ʁ]
  das Zungenspitzen - r [r]
- vokalische Bildung ist das vokalisierte -r [ɐ]; [ᵉ]

Das Zungenspitzen <r> wird auf der Bühne im Standarddeutschen nicht benutzt, außer bei Stücken in Mundart.

Das Zäpfchen [ʀ] = uvularer Vibrant:

- der hintere Zungenrücken wölbt sich in Richtung Zäpfchen auf, Zungenspitze ist am vorderen unteren Zahndamm
- das Zäpfchen flattert bei der Ausatmung
- zwischen Zäpfchen und gehobenem hinteren Zungenrücken kommt es zu einem intermittierenden Verschluss
- die Stimmlippen schwingen
- nach stimmlosen Laut kann Entstimmlichung eintreten (DAW)

Das Reibe [ʁ] = dorsaler-postpalatal/verlarer Leins-Frikativ:

- der hintere Teil des Zungenrückens wölbt sich zum weichen Gaumen auf, vor und nach Hinterzungenvokalen, Zungenspitze ist am vorderen unteren Zahndamm
- nach Vorderzungenvokalen verschiebt sich die Zungenhebung in Richtung harten Gaumen (postpalatal)
- es entsteht eine Enge
- die Stimmlippen schwingen (außer nach stimmlosen Laut)
  (DAW)

Auf der Bühne ist der Einsatz von dem Reibe-[ʁ] und dem Zäpfchen-[ʀ] abhängig von der Situation und der damit verbundenen Sprechspannung. Im Unterricht werden beide Varianten trainiert.
Für die Transkription wird hier vorrangig der Einsatz des Zäpfchen-[ʀ] transkribiert.

Einsatz von Reibe-[ʁ] und Zäpfchen-[ʀ]

<r, rr, rh, rrh> in einfachen Wörtern vor Vokal,

z.B. begierig - [bəg‘i:ʀɪç],
Beruf - [bəʀ‘u:f],
raten - [ʀa:tn̩]
Herrin - [h‘ɛʀɪn],
zerren - [ts‘ɛʀən]

Einsatz vokalisiertes (silbisches) [ɐ]

<er-> in nicht akzentuierten Präfixen <er-, her-, ver-, zer->

z. B. erleben - [ɐl‘e:bən],
herbei - [hɐb‘aɛ̯],
Versuch - [fɐz‘u:x],
Zerfall - [tsɐf‘al]

Ausnahme:

herein - [hɛʀ‘aɛ̯n]

<-er> im nicht akzentuierten Suffix im offenen und gedeckten Auslaut

<-er, ern, -ers, -ert>
z. B. Vater - [f‘a:tɐ],
flüstern - [fl‘ʏstɐn],
Vaters - [f‘atɐs],
geliefert - [gəl‘i:fɐt]

aber: Wechsel des **<r>** in silbenanlautende Position,

z. B. Maler - [m‘a:lɐ]
aber Malerin - [m‘a:ləʀɪn]

Einsatz von vokalisiertem (nichtsilbisch) [ᵄ]

<r> nach langem Vokal (außer nach langem <a>

z. B. Kur - [k‘u:ᵄ],
Lektor - [l‘ɛkto:ᵄ],
Meer - [m‘e:ᵄ],
vorlesen - [f‘o:ᵄlezn̩]

<r> im Präfix **<her->** in akzentuierter Position,

z. B. herstellen - [h‘e:ᵄʃtɛln̩]

Hinweis: Weitere Regeln im Deutschen Ausspracheworterbuch nachschlagen.

Anwendung von /r, rr, rh, rrh, -er/

Vom Eise befreit sind Strom	[fɔm ‘aɛ̯zə bəfʀ‘aɛ̯t zɪnt ʃtʀo:m
und Bäche	ʊnt b‘ɛçə
Durch des Frühlings holden	dʊʀç dɛs fʀ‘y:lɪŋs h‘ɔldən
belebenden Blick;	bəl‘e:bəndən blɪk
Im Tale grünet Hoffnungsglück;	ɪm t‘a:lə gʀ‘y:nət h‘ɔfnʊŋsglʏk
Der alte Winter in seiner Schwäche,	de:^{ɐ} altə v‘ɪntɐ ɪn z‘aɛ̯nɐ ʃv‘ɛçə
Zog sich in rauhe Berge zurück.	tso:k zɪç ɪn ʀ‘aɔ̯ə b‘ɛʀgə tsu:ʀ‘ʏk
Von dort her sendet er, fliehend, nur	fɔn dɔʀt he:^{ɐ} z‘ɛndət e:^{ɐ} fl‘i:ənt nu:^{ɐ}
Ohnmächtigen Schauer körnigen Eises	o:nm‘ɛçti:gə ʃ‘aɔ̯ɐ k‘œʀni:gən aɛ̯zəs
In Streifen über die grünende Flur;	ɪn ʃtʀ‘aɛ̯fən y:bɐ di: gʀ‘y:nəndə flu:^{ɐ}]
(Goethe; Osterspaziergang)	

Drei Teertonnen, drei Trantonnen,	[dʀaɛ̯ t‘e:^{ɐ}tɔnən dʀaɛ̯ tʀ‘a:ntɔnən
drei Trantonnen, drei Teertonnen.	dʀaɛ̯ tʀ‘a:ntɔnən dʀaɛ̯ t‘e:^{ɐ}tɔnən]

[ʀ-] im Anlaut
Ringknorpel / Ritterburg / Rauschebart / Ruprecht / Räuberbraut /

[-ʀ-] im Inlaut
Pirat / Dirigent / schüren / Verona / Gerede / töricht / Bariton / hören /

[-ʀ-] im Inlaut vor [d]; [l]
Würde / burlesk / wurde / Verdi / Horde / Perle / Norden / Hürde /

[ɐ] vokalisiertes <r> im unbetonten Auslaut und unbetonten Vorsilben
erpressen / verärgern / zerbrechlich / Lämmer / Messer / Zersetzung /

Nur wer mit ganzer Seele wirkt, irrt nie.
(Hölderlin)

Raum für alle hat die Erde.
(Schiller)

Brauchbare Bierbrauerburschen
brauen brausendes Braunbier.
Westmark - Marktwert - Marktwert - Westmark

(Wort- und Satzauswahl aus Fiukowski und Rellstab)

4 Training in der U-Bahn

Oftmals werde ich gefragt, welche Übungen wir in der der U-Bahn machen können, und da gibt es durchaus Möglichkeiten, die eigene Sensibiliesierung zu schulen.

1. Becken ausrichten
   - versuche dein Steißbein nach unten zeigen zu lassen, so, als markierte dein verlängertes Steißbein in Form einer Stiftspitze den Boden, auf diese Weise richtest du dein Becken aus und schaffst Raum im unteren Rücken
2. „U–Bahn-Stehen" ohne festzuhalten
   - hier versuchst du auf Streckenabschnitten einmal ohne Festhalten dein Becken so auszurichten, dass dich dein Gleichgewicht trägt, dein Kopf strebt dabei nach oben vorne
   - du beginnst, dich auf deinen Schwerpunkt zu verlassen
3. Lippen lösen
   - lege wieder ein imaginäres Rosenblatt auf deine Unterlippe, um den reinfallenden Atem zu spüren, du musst nicht unbedingt durch den Mund atmen, es gelingt ebenfalls über die Nase,
   - beobachte, wie sich die Intensität deiner Atmung verändert und die Wahrnehmung auf dein Umfeld
4. Zungenspitze/Gaumen
   - male mit der Zungenspitze vom hinteren Gaumen zum vorderen Gaumen eine Linie, um dir somit immer wieder über die Mittellinie des Gaumens bewusst zu werden, hier entfaltet sich unter anderem deine Stimme
5. Zähne zählen
   - zähle mit deiner Zungenspitze deine Zähne von den hinteren Backenzähnen zu den vorderen Schneidezähnen
6. Zahlen am Gaumen
   - male mit der Zungenspitze Zahlen an den Gaumen
   - du kannst auch beginnen zu rechnen, hierbei machst du dir die *gesamte* Mundhöhle bewusst und sensibilisierst erneut die Zungenspitze

7. Zungendrehen

- drehe deine Zungenrücken auf den Mundboden,
  dies gelingt am Anfang meistens nur mit einer Seite, aber provoziert die Muskulatur noch flexibler zu werden

8. Bewusstheit 1

- Versuche einmal bewusst nur mit dem Gehirn zu hören und zu sehen ...

9. Bewusstheit 2

- Mit den Augen atmen
- Mit den Ohren sehen
- Mit dem Mund hören

Ergänze selber eigene Übungen.

5 Schlussworte

Die Stimme ist immer etwas, was sich bewegt, bewegen will. Es ist in jedem von uns die Möglichkeit vorhanden, zu klingen, das Medium *Stimme* als Vermittlung unseres Willlens, unserer Absichten benutzen zu können.
Wir lassen uns unbewusst oder bewusst von den einzelnen Geräuschen und Klängen um uns herum führen. Bist du allein in fremder Natur, in welcher dir unbekannte Tiere akustisch „begegnen", schärfst du automatisch deine Wachheit.
Es wird oft unterschätzt, wie bereichernd die Individualität des Einzelnen ist, auf der Bühne oder im Alltag, aufgrund seines Selbst und den damit verbundenen Möglichkeiten.
Der Einzelne verlangt seinem Selbst eher gesellschaftliche Formen ab, strebt eine „richtige" Haltung an. Solange diese „normative Kraft" in uns vorhanden ist, bleibt unsere eigentliche, individuelle Präsenz verstellt.
Wenn auch die Industrie durch standardisierte, industrielle Fertingungstechniken vielen Menschen eine Teilhabe am Konsum ermöglicht, so ist es für die Entwicklung einer Gesellschaft geradezu blockierend, sich allein auf Standards und Normen zu reduzieren. Die Globalisierung erstickt gegenwärtig Völkerstämme und ganze Kulturen in ihrer spezifischen Ausdrucksform.
Alle zwei Wochen stirbt eine Sprache aus. Persönlichkeiten werden ihrer Einzigartigkeit beraubt und mehr und mehr konform gemacht.
Die natürliche Fähigkeit eines gesunden Menschen mit Zeichen oder Sprache umgehen zu können, wird nicht nur durch unsere gegenwärtige Entwicklung blockiert, gleichzeitig wird diese Fähigkeit durch die Biografie des Einzelnen oder durch soziale Konventionen überschrieben.
Es braucht eine Wachheit für den Moment, eine Neugier für die überflüssigen Bewegungsmechanismen in meinem Handeln.

Der Atem ist der Stoff, welcher uns füllt, wenn wir aufnehmen, einen Impuls haben. Die Absicht, aufgrund welcher wir reagieren, zeigt sich in ihrer Konkretheit im Atemvolumen. Tonlos oder gesprochen. Der Atem ist der einzige Stoff, der uns zeigt. Für mich ist es mehr und mehr die Ausatmung, die nicht mehr ihren physiologischen Gegebenheiten folgen darf. Und hier kommt jetzt ein wenig Physik ins Spiel, ein gelöster Atem bewegt sich weiter als ein Atem, der festgehalten wird. Somit stellt das Loslassen auch gleichzeitig die Fähigkeit dar, zu berühren.
Und noch einmal Physik: Erst wenn der Atem fließt, kann sich etwas bewegen.

6 Legenda

Ansatzrohr	Raum zwischen Stimmlippen und Mundlippen (umfasst Rachen- Mund- und Nasenraum)
Artikulation	1. Tätigkeit, aller am Sprechprozess beteiligter Organe oberhalb des Kehlkopfes (Ausnahme /h/) 2. Tätigkeit aller am Sprechprozess beteligten Organe, Atmung und Phonation gehören zur Artikulation[72]
apikal	oder Koronallaut – mit der Zungenspitze oder vorderen Zungensaum gebildeter Konsonant
Aspiration	Behauchung
bilabial	beide Lippen beteiligt
Diminutiva	Verkleinerungsform der Substantive mittels Endsilbe /-chen/; /-lein/
Diphthong	einsilbige Verbindung zweier Vokale
dorsal	Konsonant, der mit dem Zungenrücken gebildet wird
durchlässig	durchlässiger Körper – Atem folgt der Bewegung
Fortis	sind stark gespannte Laute (betrifft im Deutschen folgende stimmlose Laute: [p, t, k, f, s, ç, ʃ, x]
Frikativ	Reibelaut, Artikulationsorgan und Artikulationsstelle bilden eine Enge, welche durch den entsprechenden Laut mittels einer Reibung gelöst wird
Gestisches Sprechen	ausdruckgewordenes Verhalten
Impuls	handlungsauslösender Moment
Indifferenzlage	Sprechstimmlage mit dem geringsten muskulären Kraftaufwand
Intention	Absicht, Bestreben, entlehnt aus dem lateinischen /intentio/ lateinisch / intendere/ hinwenden, abschicken, sein Streben auf etwas richten[73]

---

72 Pètursson, Magnùs/Neppert, Joachim: Elementarbuch der Phonetik, Helmut Buske Verlag Hamburg 1991, S. 43

73 Kluge: Etymologisches Wörterbuch der deutschen Sprache, Walter de Gruyter GmbH & Co. KG, Berlin/Boston 2011

Intonation	Sprechmelodie: setzt sich zusammen aus Tonhöhe, Lautstärke, Pausen, Rhythmus, Tempo
Koartikulation	Artikulationsbewegungen aufeinanderfolgender Laute im Redefluss[74]
Komposita	zusammengesetzte Wörter
Konsonant	Hemmlaute, an bestimmten Artikulationsstellen gebildet über Verschluss, Enge, Reibung, koronal - vorderer Zungensaum
labial	Ober- oder Unterlippe beteiligt
Laut	artikulierte, akustisch messbare und auditiv wahrnehmbare Größe
Liquide	Fließlaute. Artikulationsorgan und Artikulationsstelle bilden eine Enge, welche durch den entsprechenden Laut über das Fließen gelöst wird
Lenis	sind schwach gespannte Laute (betrifft im Deutschen folgende stimmhafte Laute: [b d g v z j ʒ ʁ ʀ])
Lexem	Wort - Zeichen
mittlere Sprechstimmlage	Sprechstimmlage, um welche sich der ansteigende und absteigende Tonbereich bewegt, muss nicht physiologisch sein
Morphem	kleinste bedeutungstragende Einheit, kann grammatikalische Eigenschaften anzeigen oder wortbildende Eigenschaften
Morphologie	Lehre von der Gestalt, Struktur und Bauformen der Sprache[75]
Palatal	Konsonanten, die im Bereich des harten Gaumens gebildet werden
Palatum durum	harter Gaumen
Phonation	Stimmbildungsprozess
Phonem	kleinste bedeutungsunterscheidende Einheit der Sprache

[74] Vgl. Conrad, Rudi: Kleines Wörterbuch sprachwissenschaftlicher Termini, Leipzig - VEB Bibliographisches Institut – 1981

[75] Vgl. Linke, Ankgelika/Nussbaumer Markus/Portmann Paul R.: Studienbuch Linguistik, Max Niemeyer Verlag Tübingen 1996

Phonetik	Lehre der Lautbildung
Plosiv	Verschlusslaut
Präfix	Vorsilbe
Rhythmus	aus dem griechischen = Fließen, Strömen [76] • sinnlich faßbare und einprägbare Zergliederung von Zeiteinheiten, • die Einheiten der Gliederung sind Stärke und Dauer in verschiedenen Abstufungen[77]
Semantik	Bedeutungslehre
Semiotik	Zeichenlehre
Suffix	Nachsilbe
Syntax	Satzlehre
Takt	entlehnt aus dem lateinischen ‚tactus' = Berührung, hieraus entwickelte sich die musikalische Sonderbedeutung von ‚Taktschlag'[78]
TCM	traditionelle chinesische Medizin
Uvula	Zäpfchen
Uvular	Zäpfchenlaut
Velum	weicher Gaumen
Vibrant	Schwinglaute, schnell aufeinanderfolgendes Öffnen und Schließen der Artikulationsorgane[79]
Vokal	Öffnungslaute, ohne orale Geräuschbildung artikuliert [80]
Zeichen	besteht aus Inhalts- und Ausdrucksseite, z. B. Wörter, Verkehrszeichen,

[76] Kluge: Etymologisches Wörterbuch der deutschen Sprache, Walter de Gruyter GmbH & Co. KG, Berlin/ Boston 2011

[77] Conrad, Rudi: Kleines Wörterbuch sprachwissenschaftlicher Termini, Leipzig – VEB Bibliographisches Institut – 1981

[78] Kluge: Etymologisches Wörterbuch der deutschen Sprache, Walter de Gruyter GmbH & Co. KG, Berlin/ Boston 2011

[79] Conrad, Rudi: Kleines Wörterbuch sprachwissenschaftlicher Termini, Leipzig – VEB Bibliographisches Institut – 1981

[80] Conrad, Rudi: Kleines Wörterbuch sprachwissenschaftlicher Termini, Leipzig – VEB Bibliographisches Institut – 1981

7 Übungslegenda

8 Literaturverzeichnis

Aderhold, Egon: Das gesprochene Wort, Henschel Verlag Berlin, 1994

Aderhold, Egon: Sprecherziehung des Schauspielers, Henschel Verlag Berlin, 1984

Arendt, Hannah: Vita activa oder Vom tätigen Leben, Piper Verlag München Zürich, 9. Auflage 2010

Aristoteles: Rhetorik, Reclam – Dietzingen, 2010

Böhme, Gerhard: Klinik der Sprach- Sprech- und Stimmstörungen, Gustav Fischer Verlag Stuttgart/New York, 1983

Brecht, Bertolt: Die Gedichte von Bertolt Brecht in einem Band, Suhrkamp Verlag Frankfurt am Main, 2002

Brecht, Bertolt: Ausgewählte Werke in sechs Bänden; Suhrkamp Verlag Frankfurt am Main, 1997

Čechov, Michael A.: Die Kunst des Schauspielers, Verlag Urachhaus, 2004

Colaianni, Louis: The Joy of Phonetics and Accents, Joy Press Kansas City, 1994

Conrad, Rudi: Kleines Wörterbuch sprachwissenschaftlicher Termini, Leipzig - VEB Bibliographisches Institut -, 1981

Deadman, Peter; Mazin Al Khafaji; Baker, Kevin: Großes Handbuch der Akupunktur, Verlag für Gesundheitliche Medizin, Dr. Erich Wühr GmbH Kötzing, 2000

Feldenkreis, Moshé: Bewußtheit durch Bewegung, suhrkamp taschenbuch 2638, 1996

Filz, Richard: Groove Karaoke, Gesungene Rhythmen als Songbegleitung, www.universaledition.com

Fiukowski, Heinz: Sprecherzieherisches Elementarbuch, Max Niemeyer Verlag Tübingen, 1992

Francia, Luisa: Das Rückenbuch, Sanfte Wirbelstürme Vergessene Flügel, Verlag Frauenoffensive München, 2. Auflage 2000

Fuchs, Thomas: Leib, Raum, Person. Entwurf einer phänomenologischen Anthropologie, Klett Cotta Verlag Stuttgart, 1999

Goethe, Johann Wolfgang: Faust, Der Tragödie Erster Teil, Verlag Phillip Reclam jun. Leipzig, 1988

Hegel, Georg Wilhelm Friedrich: Phänomenologie des Geistes, Felix Meiner Verlag Hamburg, 2006

Heidegger, Martin: Unterwegs zur Sprache, Klett Cotta Verlag Stuttgart, 14. Auflage 2007

Hermann, Theo: Allgemeine Sprachpsychologie, Grundlagen und Probleme, 2. Auflage, BELTZ Psychologie Verlags Union, 1995

Hofer, Steffi: sprechen, Heft 59, Das Sehsystem und seine Einflüsse auf die eigene Präsenz, VfSK Heidelberg, 2015

Hofer, Steffi: sprechen, Heft 67, Kontakt im Raum II. Wie wir durch unseren Blick, und unser Sprechen Räume kreieren können. VfSK Heidelberg, 2019

Hofer, Steffy: Kontakt im Raum, Die Bedingungen des Sehens in der Sprecherziehung in Kranich, Wieland: Sprechwissenschaft heute. Schneider Verlag, 2020

Hübler, Axel: Das Konzept ›Körper‹ in den Sprach- und Kommunikationswissenschaften, Tübingen – Basel: A. Francke Verlag, 2001

Jandl, Ernst: Laut und Luise, Verlag Phillip Reclam jun. Leipzig, 1996

Jandl, Ernst: verstreute gedichte 5 der versteckte hirte die bearbeitung der mütze, Luchterhand Verlag, 1997

Kares, Helga; Prettenhofer, Walter: aus dem Vortrag – Warum denn so verbissen? Unterkiefer und Stimme

Klawitter, Klaus; Minnich, Herbert: aus Schauspielen; Handbuch der Schauspielerausbildung: Herausgeber Gerhard Ebert; Rudolf Penka, Henschelverlag Kunst und Gesellschaft DDR Berlin, 1985

Kleist, Heinrich von: Sämtliche Werke und Briefe, Deutscher Taschenbuch Verlag GmbH & Co. KG München, 2001

Kluge: Etymologisches Wörterbuch der deutschen Sprache, Walter de Gruyter GmbH & Co. KG, Berlin/Boston, 2011

Kosteljanez, Boris: Die Freiheit und das Böse: Selbstreinigung und Überwindung des Bösen durch Kraft – „König Lear“ von Shakespeare, Urban, 2000

Krämer, Sybille: Sprache, Sprechakt, Kommunikation. Sprachtheoretische Positionen des 20. Jahrhunderts; Suhrkamp Verlag Frankfurt am Main, 2001

Krech, Eva-Maria; Stock, Eberhard; Hirschfeld, Ursula; Anders, Lutz Christian: Deutsches Ausspracheworterbuch, Walter de Gruyter GmbH & Co. KG, Berlin/New York, 2010

Kolesch, Doris; Krämer, Sybille: Stimme, Suhrkamp Verlag Frankfurt am Main, 2006

Krämer, Sybille: Sprache, Sprechakt, Kommunikation, Suhrkamp Verlag Frankfurt am Main, 2001

Kunze, Reiner: Die Aura der Wörter – RADIUS Verlag GmbH Stuttgart, 2004

Larsen, Dr. med. Christian; Miescher, Bea: Entspannter Kiefer, TRIAS Verlag in MVS Stuttgart GmbH & Co. KG, 2010

Levelt: Das Leveltsche Sprachprodunktionsmodell aus Roelofs & Meyer, 1999 http://www.ruediger-weingarten.de/Schriftsprache/Modelle/L

Linke, Ankgelika; Nussbaumer, Markus; Portmann, Paul R.: Studienbuch Linguistik, Max Niemeyer Verlag Tübingen, 1996

Linklater, Kristin: Die persönliche Stimme entwickeln, Ernst Reinhard Verlag München Basel, 1997

Neumann, Anna: Diplomarbeit 2005/2008; Studierende an der Akademie für den logopädisch-phoniatrisch-audiologischen Dienst; Vergleich orofacialer Funktionen bei klassischen Sängern und Nichtsängern

Parsché, E.: – ARTIKEL – Funktionslehre Biomechanik, Abteilung für Zahnersatzkunde 1, Univ. Klinik für Zahn-, Mund- und Kieferheilkunde Graz, 2006
Pètursson, Magnùs; Neppert, Joachim: Elementarbuch der Phonetik, Helmut Buske Verlag Hamburg, 1991
Pfeifer, Wolfgang: Etymologisches Wörterbuch, Deutscher Taschenbuchverlag, 8. Auflage, 2005
Rellstab, Felix: Sprechtechnik Übungen, Verlag Stutz Druck AG, CH-8220 Wädenswill, 1998
Rennschuh, Helmut: Das Richtige geschieht von ganz allein; Loslassen mit Alexandertechnik und Zen, Lüchow in der J. Kamphausen Verlag & Distribution GmbH, Bielefeld, 2010
Ritter, Hans Martin: Sprechen auf der Bühne, Henschel Verlag Berlin, 1999
Ritter, Hans Martin: Wort und Wirklichkeit auf der Bühne, Lit Verlag Münster - Hamburg - London, 2003
Schleef, Einar: Droge Faust Parsifal, Suhrkamp Verlag Frankfurt am Main, 1997
Schiebler, Theodor H.; Schmidt, Walter: Anatomie, Springer Verlag Berlin Heidelberg New York, 1991
Seidner, Wolfram; Wendler, Jürgen: Die Sängerstimme – phoniatrische Grundlagen der Gesangsausbildung, Henschel Verlag Berlin, 1987
Seidner, Wolfram; Wendler, Jürgen; Kittel, Gerhard; Eysholdt, Ulrich: Lehrbuch der Phoniatrie und Pädaudiologie, Georg Thieme Verlag Stuttgart/New York, 1996
Shakespeare, William: Romeo und Julia, Deutscher Taschenbuchverlag, GmbH & Co. KG München, 11. Auflage 2007
Steinfeld, Thomas: Der Sprachverführer, Die deutsche Sprache: was sie ist, was sie kann, Carl Hanser Verlag München, 2010
Stock, Eberhard: Deutsche Intonation, Verlag Enzyklopädie Langenscheidt Berlin München Leipzig, 1996
Stowasser J. M.; Petsching, M.; Skutsch, F.: Stowasser - Lateinbuch, Verlag Hölder-Pichler-Tempinsky GmbH & Co. KG, 2009
Spät, Patrick: Der Mensch lebt nicht vom Hirn allein, Wie der Geist in den Körper kommt, Parodos Verlag Berlin, 2012
Ueding, Gert: Klassische Rhetorik, Verlag C.H. Beck, 5. Auflage 2011
Winter, Georg: Zungenbrecher. Wenn Papa Grappa schlabbert ... und andere Stolperverse, Wilhelm Goldmann Verlag München, 2007
Wolf, Edith; Aderhold, Egon: Sprecherzieherisches Übungsbuch, Florian Noetzel Verlag, Wilhelmshafen, 8. Auflage 1990
Valerie, Susanne: Schauspieler außer sich, Exponiertheit und perfomative Kunst, Bielefeld, transcript Verlag, 2011
Vasiljev, Jurij: Imagination Bewegung und Stimme, Variationen für ein Training, Urban, 2000

Vasiljev, Jurij: E = m · v Stimme = Bewegung · Atem, Training für Stimmenergie und Kommunikation, Urban, 2002
Zurhorst, Eva Maria: Liebe dich selbst und es ist egal, wen du heiratest, Wilhelm Goldmann Verlag München, 2004

Danksagung

Jedes Buch ist immer auch ein Ergebnis von Erfahrungen, Eindrücken, Wissen. Und ohne die Lust, all dies für eine bestimmte Zielgruppe zusammenzutragen, zu strukturieren und aufzuschreiben, lässt sich ein Buch nicht realisieren.

Dies gelingt nicht ohne Untersützung anderer Menschen. Daher möchte ich meinen Lehrern, Kollegen und Studenten für Ihre Einflüsse danken. Stellvertretend für all jene, die mich in den letzten Jahren zudem begleitet und nachhaltig beeinflusst haben, möchte ich folgenden Menschen danken:

Werner, Franziska, Monika, Michael, Markus, Gabi und Katharina – danke für die Zeit des Lesens, und eure Motivation, das Buch zu vollenden.

Dank auch an meine Kolleg*innen, die aufgrund ihrer jahrelangen Erfahrungen in der darstellenden Kunst, mir mit kritischen Anmerkungen zur Seite standen.

Ich danke Frau Univ. Prof. Dr. Berit Schneider-Stickler für die Anregungen im Kapitel „Die handelnde Stimme".

Ein besonders großer Dank geht an meine Zeichnerin, Katharina Köller, die aus der Sicht als Schauspielerin einen aufmerksamen und suchenden Blick für jedes einzelne Bild hatte.

Nicht zu vergessen sei der Projekt Verlag, welcher dieses Buch ermöglicht hat.

Steffi Hofer
Wien im Februar 2021